DISEASE PREVENTION AND
MAINTENANCE TECHNOLOGY
OF ASPHALT PAVING ON CEMENT CONCRETE BRIDGE DECK

水泥混凝土桥面沥青铺装
病害防治与养护技术

李爱国　凌俊强　胡小金　尹　亮　著

郝培文　审

人民交通出版社股份有限公司

北京

内 容 提 要

水泥混凝土桥面沥青铺装在服役期出现病害，既影响行车舒适性，又影响行车安全和桥面的使用寿命。本书通过系统调查与研究，划分了水泥混凝土桥面沥青铺装病害的种类，分析了典型病害产生的深层原因，提出了防止早期损坏、延长使用寿命的标准化施工工艺和养护技术。

本书可供公路与城市道路工程设计、施工、监理、运营养护、科研等单位的工程技术人员学习使用，也可作为高等院校有关专业师生的参考用书。

图书在版编目（CIP）数据

水泥混凝土桥面沥青铺装病害防治与养护技术 / 李爱国等著. — 北京：人民交通出版社股份有限公司，2022.8
ISBN 978-7-114-17793-4

Ⅰ.①水… Ⅱ.①李… Ⅲ.①钢筋混凝土桥—沥青混凝土路面—桥面铺装—公路养护 Ⅳ.①U448.333.33

中国版本图书馆CIP数据核字（2022）第086334号

Shuini Hunningtu Qiaomian Liqing Puzhuang Binghai Fangzhi yu Yanghu Jishu

书　　名：	**水泥混凝土桥面沥青铺装病害防治与养护技术**
著 作 者：	李爱国　凌俊强　胡小金　尹　亮
责任编辑：	李　瑞
责任校对：	赵媛媛　龙　雪
责任印制：	刘高彤
出版发行：	人民交通出版社股份有限公司
地　　址：	（100011）北京市朝阳区安定门外外馆斜街3号
网　　址：	http://www.ccpcl.com.cn
销售电话：	（010）59757973
总 经 销：	人民交通出版社股份有限公司发行部
经　　销：	各地新华书店
印　　刷：	北京印匠彩色印刷有限公司
开　　本：	889×1194　1/16
印　　张：	18
字　　数：	457千
版　　次：	2022年8月　第1版
印　　次：	2022年8月　第1次印刷
书　　号：	ISBN 978-7-114-17793-4
定　　价：	120.00元

（有印刷、装订质量问题的图书由本公司负责调换）

作者简介

李爱国

男，1969年生，陕西山阳人，中共党员，正高级工程师，现就职于陕西城际铁路有限公司。中国公路学会会员，陕西省公路学会会员，全国混凝土标准化技术委员会第二届、第三届沥青混凝土分技术委员会委员，陕西省交通运输科技专家，第九届中国公路百名优秀工程师，全国交通运输系统劳动模范。先后参加了20多条高等级公路建设、运营管理和陕西省首条城际铁路建设，参建项目获鲁班奖和国家优质工程奖3项，中国公路学会长寿命路面奖1项。承担了交通运输部西部课题研究以及陕西省交通科技项目10余项，科研项目获得省部级科技进步奖6项，取得实用新型专利3项。先后参加了陕西省高速公路质量控制要点、施工标准工艺的编写，参加了住建部行业标准《橡胶沥青路面技术标准》(CJJ/T 273—2019)和中国工程建设标准化协会标准《公路沥青铺装层层间结合技术规程》(T/CECS G：D56-01—2021)、《钢桥面铺装预防养护技术规程》(T/CECS G：N69-02—2021)审查，在国家核心期刊发表学术论文近40篇，出版专著《SMA路面施工与病害防治技术》《沥青路面施工技术与工艺全解》。

凌俊强

男，1972年生，陕西渭南人，高级工程师，现就职于陕西交通控股集团有限公司。先后参加了10余条高速公路项目建设和运营管理工作，积累了丰富的施工、建设、运营管理经验。参建项目获鲁班奖1项，国家优质工程银质奖2项。先后完成了"路面抗滑性能检测方法探讨""水泥混凝土路面抗滑降噪纹理技术分析""水泥稳定建筑垃圾再生材料基层应用研究"和"桥隧建设BIM协同管理系统"等高速公路建设管理及相关科研课题研究工作。在国内期刊发表论文数篇。取得实用新型专利1项，获得省级工法2项、省部级科学技术奖2项，参与地方标准制定2项。

胡小金

男，1975年生，陕西西安人，中共党员，正高级工程师，现就职于陕西路桥集团路面工程有限公司。中国公路学会会员、中国公路学会养护与管理分会理事、第九届中国公路百名优秀工程师、中国建筑业项目管理模范人物、陕西省综合评标评审专家。先后参与完成10余条高速公路路面施工及多条高速公路大中修养护项目。参建项目获鲁班奖1项，李春奖2项，国家优质工程银质奖3项。先后完成了"基于矿料间隙率（VMA）的SMA混合料技术研究"等课题。在国内期刊发表论文10余篇。取得发明专利和实用新型专利共计6项，获得省级工法1项、省部级科学技术奖8项，参与地方标准制定2项。

尹 亮

男，1980年生，陕西西安人，中共党员，硕士研究生，高级工程师，现就职于陕西交通控股集团有限公司，负责建设项目与运营公路质量安全监管工作。在交通行业一线从事公路科研、设计、质量安全管理等工作，主持了"寒冷地区隧道利用地下水消防技术"等多项课题研究，参与了陕西省地方标准《斜向预应力混凝土路面技术规范》《道路用建筑垃圾再生利用材料加工技术规范》。《大断面黄土公路隧道上台阶临时侧壁分部开挖施工工法》获得陕西省省级工法。取得发明专利和实用新型专利共计5项。

序

自 2019 年《交通强国建设纲要》印发并实施后,全国交通运输系统按照党中央、国务院决策部署,坚持稳中求进工作总基调,坚持新发展理念,坚持推动高质量发展,坚持以交通运输供给侧结构性改革为主线,坚持深化市场化改革、扩大高水平开放,全力打好三大攻坚战,统筹推进稳增长、促改革、调结构、惠民生、防风险,扎实做好"六稳"工作,为推动经济社会平稳发展、全面建成小康社会提供了坚强的交通运输保障。

截至 2020 年末,全国公路总里程已达 519.81 万 km。在我国公路建设的高速发展中,桥梁结构物在整体工程中所占的比重越来越大,为我国公路畅通起到了关键作用。作为桥梁结构重要组成部分的桥面铺装,其使用性能会直接影响行车安全和桥梁的使用寿命。

近年来,我国部分新建公路桥梁的水泥混凝土桥面沥青铺装早期病害越来越多,使得运营成本越来越高,同时影响着桥梁的耐久性和行车的安全性。如何从设计、施工、养护角度提高桥面沥青铺装的质量,对于公路管理者和使用者来说都显得尤为迫切。

目前,我国针对水泥混凝土桥面沥青铺装设计、施工及养护管理的专著还较欠缺。基于此,本书作者紧紧围绕公路工程现实以及多年来从事公路建设与运营管理等方面工作的经验,系统分析了水泥混凝土桥面沥青铺装的病害及其产生原因,提出了项目建设期间的病害预防措施,总结了桥面沥青铺装日常养护与管理、病害处治及结构性修复等技术,为我国今后类似工程的建设和运营管理提供了重要的参考。

本书作者具有丰富的项目建设与运营管理实践经验,在书稿撰写中坚持问题导向,紧贴工程实际,因而本书具有内容丰富、信息量大、关注重要工艺工序、技术适应性强、亮点突出等特点。相信本书的出版会为我国水泥混凝土桥面沥青铺装建设与运营管理起到积极的推动作用。

郝培文
2021 年 9 月

DISEASE PREVENTION AND MAINTENANCE TECHNOLOGY
OF ASPHALT PAVING ON CEMENT CONCRETE BRIDGE DECK

前言

截至2020年年末，我国有公路桥梁91.28万座，6628.55万延米，比2019年年末分别增加3.45万座，565.10万延米。其中，特大桥6444座，1162.97万延米，大桥119935座，3277.77万延米。这些桥梁是我国公路网的重要组成部分，为我国国民经济高质量快速发展起到了巨大作用。

在公路桥梁工程建设中，水泥混凝土桥面沥青铺装工程体量小，往往不被管理者和施工者重视，由此造成部分项目在通车不久后，桥面沥青铺装就产生早期病害，甚至多次翻修重建。存在的这些缺陷，轻者影响行车舒适性，严重者影响行车安全和桥面使用寿命，同时增加了运营及维护成本。

在设计阶段，桥面沥青铺装既要考虑柔性沥青面层与刚性水泥混凝土调平层及梁板的有效黏结，还要考虑铺装整体受力。在施工阶段，桥梁主体施工完成后，沥青铺装工程一般交由路面施工单位完成，由于施工主体改变，加之沥青铺装工序复杂，极易埋下质量隐患。受桥面结构悬空、沥青铺装昼夜温差大的影响，运营后桥面容易发生温缩类变形。同时在行车荷载作用下，桥面容易产生起伏、冲击和振动现象。在养护施工中，受施工条件、行车干扰和通车时间等影响，养护质量一般难以达到建设时的管控水平。因此，在项目建设过程中严格控制桥面沥青铺装质量显得非常重要。

把简单的桥面沥青铺装工程施工好，使其在设计年限内不大修，也不是一件容易的事情。目前，我国关于公路水泥混凝土桥面沥青铺装研究的文献较多，而采用图文并茂的方式阐述沥青铺装病害成因，并系统地提出预防、处治措施的著作还不多见。鉴于此，本书通过桥面沥青铺装病害调查，对铺装病害进行了分类，分析了病害机理及典型病害发生的深层原因，提出了防止桥面沥青铺装早期损坏、延长桥面使用寿命的标准化施工工艺和养护技术。

第一章、第二章由李爱国撰写，系统地介绍了我国公路桥梁发展、养护管理措施以及桥面铺装发展现状。

第三章至第七章由凌俊强撰写，在广泛调查的基础上，列举了沥青铺装病害主要类型与表现形式，为后续章节展开论述提供基础。

第八章至第九章由尹亮撰写，分析了桥面沥青铺装的力学特性，对病害机理进行了论述。

第十章至第十六章由凌俊强撰写，是本书的重点内容。系统性地分析了桥面沥青铺装病害特征及其成因。

第十七章至第二十章由李爱国撰写，也是本书的重点内容。从桥面铺装一体化设计、梁板预制安装、调平层施工等，对建设期质量通病预防进行了详细介绍。

第二十一章由胡小金撰写，介绍了桥面沥青铺装施工过程中病害预防技术。

第二十二章由凌俊强撰写，全面介绍了桥面沥青铺装精细化施工管理。

第二十三章至二十四章由尹亮撰写，介绍了运营期桥面沥青铺装日常养护与管理技术。

第二十五章至第二十七章由胡小金撰写，也是本书的重点内容。介绍了运营期桥面沥青铺装病害处治技术、病害功能性修复技术以及特大桥梁沥青铺装病害结构性修复技术。

附录一由张良奇提供资料，李爱国编写。附录二、附录三由李爱国撰写。

需要特别说明的有两点：一是关于桥面沥青铺装病害的成因，本书采用大量篇幅重点剖析了水泥混凝土调平层以及桥梁预制梁板质量造成的沥青铺装病害，而国内关于沥青铺装混合料原因导致病害的研究颇多，本书也就未再赘述；二是全书以高速公路建设与运营管理为主，少部分涉及了城市与地方道路，主要原因是对于高速公路而言，沥青铺装病害对其行车安全影响更大。

全书的创新与亮点：

（1）从层次上，针对桥面铺装全寿命周期质量控制，按照病害成因、预防措施、处治技术三个层次进行了一体化讲述。

（2）从技术上，对长期困扰运营养护者的看似简单的桥面坑槽病害，进行了种类划分，并给出了相应的处治方法。

（3）从管理上，针对桥面质量控制，在建设过程中提出了"首件认可制"，在养护过程中，提出精准设计和质量追究制。

全书由李爱国统稿，长安大学郝培文教授主审并作序。本书撰写期间，得到了曹可勇、雷军旗、郭平、马庆伟、张鹏、张娟、张根生、王渊、吴迪、高延芳、李小刚、朱宏祥、李万军、毛金沙、李德文、徐科、韩喜、王莎、李余等人的大力支持。封面图片由郭伟朝提供。在此，谨向相关人员表示衷心的感谢！

由于作者水平有限，书中如有不足之处，真诚地欢迎广大读者批评指正（联系方式：lag315@163.com），以便修订时完善。

著　者

2022 年 5 月

目录

| 第一篇　概述 | 001 |

第一章　我国公路桥梁发展和养护管理概述 003
第一节　我国公路发展状况 003
第二节　我国公路桥梁发展状况 004
第三节　我国公路桥梁养护管理措施 007

第二章　我国公路桥梁桥面铺装概述 010
第一节　水泥混凝土桥面铺装 010
第二节　沥青混合料桥面铺装 012

| 第二篇　桥面沥青铺装病害类型与表现形式 | 021 |

第三章　桥面沥青铺装病害概述 023
第一节　桥面沥青铺装主要病害类型 023
第二节　桥面沥青铺装病害对桥梁运营的影响 024

第四章　水损坏类病害 025
第一节　渗水 025
第二节　唧浆 026
第三节　坑槽 026

第五章　变形类病害 030
第一节　车辙 030
第二节　波浪拥包 031

第六章　裂缝类病害 ········· 033

第一节　横向、纵向裂缝 ········· 033

第二节　网状裂缝、龟裂 ········· 034

第七章　其他类病害 ········· 036

第一节　集料松散、脱落 ········· 036

第二节　磨光 ········· 037

第三节　综合性病害 ········· 037

第三篇　桥面沥青铺装力学性能与病害机理分析　041

第八章　桥面沥青铺装力学性能分析 ········· 043

第一节　桥面沥青铺装概述 ········· 043

第二节　桥面沥青铺装力学特性 ········· 045

第九章　桥面沥青铺装病害的力学机理分析 ········· 051

第一节　桥面防水黏结层破坏的力学机理 ········· 051

第二节　表面变形与破损的力学机理 ········· 052

第三节　裂缝病害的分类和力学机理 ········· 053

第四篇　桥面沥青铺装病害特征及成因　057

第十章　桥面沥青铺装病害特征 ········· 059

第一节　桥面沥青铺装病害的位置特征 ········· 059

第二节　桥面沥青铺装病害产生的季节特征 ········· 062

第十一章　桥面沥青铺装病害产生的主要原因及其划分 ········· 064

第一节　桥面沥青铺装病害产生的主要原因 ········· 064

第二节　桥面沥青铺装病害产生原因划分…………………… 067

第十二章　梁板预制与安装存在的质量问题………………… 069

第一节　梁板预制存在的质量问题…………………………… 069

第二节　梁板安装存在的质量问题…………………………… 071

第十三章　湿接缝施工存在的质量问题………………………… 073

第一节　湿接缝施工的特点及存在的质量问题……………… 073

第二节　湿接缝质量问题产生的后果………………………… 074

第十四章　水泥混凝土调平层施工和养护存在的质量问题… 075

第一节　调平层施工存在的质量问题………………………… 075

第二节　调平层养护存在的质量问题………………………… 077

第三节　调平层因施工和养护不当产生的裂缝及其危害…… 078

第十五章　防水黏结层施工存在的质量问题…………………… 080

第一节　施工准备中存在的质量问题………………………… 080

第二节　施工过程中存在的质量问题………………………… 081

第十六章　沥青铺装施工存在的质量问题……………………… 083

第一节　施工现场存在的质量问题…………………………… 083

第二节　工序与工期安排存在的质量问题…………………… 086

第五篇　建设期桥面沥青铺装质量通病预防　　089

第十七章　桥面沥青铺装一体化设计…………………………… 091

第一节　桥面沥青铺装设计原则……………………………… 091

第二节　桥面沥青铺装组合设计……………………………… 093

第十八章　桥梁梁板预制、安装质量要求及湿接缝病害预防… 100

第一节　概述…………………………………………………… 100

第二节	梁板预制的质量要求	100
第三节	梁板安装过程的质量要求	108
第四节	湿接缝施工的质量要求	110

第十九章　桥面水泥混凝土调平层病害预防 112

第一节	概述	112
第二节	梁板表面浮浆凿毛与清理、清洗	112
第三节	梁板预埋筋与调平层钢筋网片焊接	113
第四节	调平层混凝土摊铺前准备	115
第五节	调平层混凝土浇筑	116
第六节	调平层混凝土收面	119
第七节	调平层混凝土养护与质量检测	120
第八节	桥面泄水管的安装	121
第九节	桥面伸缩缝临时回填	123
第十节	调平层表面水泥浮浆处治	123

第二十章　桥面防水黏结层病害预防 131

第一节	调平层表面黏层油施工	131
第二节	同步碎石封层施工	133
第三节	AC-5沥青砂混合料防水黏结层施工	134

第二十一章　桥面沥青铺装施工病害预防 138

第一节	桥面纵向起伏病害预防	138
第二节	桥面沥青铺装下面层施工病害预防	139
第三节	桥面沥青铺装黏层油施工病害预防	142
第四节	桥面沥青铺装上面层施工病害预防	143

第二十二章　桥面沥青铺装精细化施工管理 151

第一节	概述	151

第二节　原材料加工与精细化管理……………………………… 154

　　第三节　主要设备配备与管理…………………………………… 160

　　第四节　施工现场精细化管理…………………………………… 166

第六篇　运营期桥面沥青铺装病害养护与处治技术　　173

第二十三章　运营期产生的铺装病害……………………………… 175

　　第一节　交通事故产生的铺装病害……………………………… 175

　　第二节　自然灾害产生的铺装病害……………………………… 176

　　第三节　运营管护产生的铺装病害……………………………… 177

　　第四节　养护施工产生的铺装病害……………………………… 178

第二十四章　桥面沥青铺装日常养护与管理……………………… 182

　　第一节　桥面沥青铺装养护的目的……………………………… 182

　　第二节　桥面沥青铺装养护施工难点与管理对策……………… 183

　　第三节　桥面沥青铺装日常养护………………………………… 185

　　第四节　桥面OGFC排水性沥青铺装日常养护………………… 187

第二十五章　桥面沥青铺装病害处治……………………………… 193

　　第一节　病害处治原则和质量要求……………………………… 193

　　第二节　病害调查与精准分析…………………………………… 195

　　第三节　病害处治方案设计……………………………………… 197

　　第四节　病害处治施工组织……………………………………… 198

　　第五节　沥青铺装表层坑槽处治………………………………… 200

　　第六节　调平层破损导致的沥青铺装唧浆、坑槽处治………… 207

　　第七节　梁板破损导致的沥青铺装破洞病害处治……………… 211

　　第八节　桥面车辙处治…………………………………………… 213

第九节　桥面裂缝处治…………………………………… 215

第十节　桥面表面光滑处治……………………………… 216

第十一节　桥面渗水、积水处治………………………… 223

第二十六章　桥面沥青铺装病害功能性修复…………… 226

第一节　微表处…………………………………………… 226

第二节　超薄磨耗层……………………………………… 228

第三节　精表处…………………………………………… 230

第四节　超薄抗滑表层…………………………………… 232

第五节　表面单层铺装铣刨重铺………………………… 233

第二十七章　特大桥梁沥青铺装病害结构性修复……… 236

第一节　前期准备………………………………………… 236

第二节　桥面沥青铺装大修施工………………………… 239

第三节　施工质量检测与开放交通……………………… 248

附录　　　　　　　　　　　　　　　　　　　　　251

附录一　振动搅拌技术在桥梁混凝土工程中的应用案例…… 253

附录二　港珠澳大桥桥面沥青铺装材料生产与管理案例…… 259

附录三　西安咸阳国际机场专用高速公路排水性沥青路面
　　　　防水黏结层专项研究案例　………………………… 261

参考文献…………………………………………………… 269

后记………………………………………………………… 270

水泥混凝土桥面沥青铺装
病害防治
与养护技术

DISEASE PREVENTION AND
MAINTENANCE TECHNOLOGY
OF ASPHALT PAVING ON CEMENT CONCRETE BRIDGE DECK

第一篇

概述

DISEASE PREVENTION AND MAINTENANCE TECHNOLOGY
OF ASPHALT PAVING ON CEMENT CONCRETE BRIDGE DECK

第一章
我国公路桥梁发展和养护管理概述

改革开放 40 多年来，我国公路建设实现了跨越式发展，在规模上实现了量的极大增长，在质量上实现了质的飞跃。公路发展成果极大地助推了国家社会经济的高质量发展。

第一节　我国公路发展状况

交通运输部 2021 年 5 月发布的《2020 年交通运输行业发展统计公报》指出，2020 年，交通运输行业在以习近平同志为核心的党中央坚强领导下，全面贯彻落实党的十九大和十九届二中、三中、四中、五中全会精神，坚持稳中求进工作总基调，立足新发展阶段，贯彻新发展理念，构建新发展格局，以推动高质量发展为主题，以深化供给侧结构性改革为主线，统筹推进疫情防控和经济社会发展交通运输各项工作，加快建设交通强国，为扎实做好"六稳"工作、全面落实"六保"任务，如期实现全面建成小康社会目标提供了坚强的交通运输保障。

一、公路基础设施

2020 年末，全国公路总里程 519.81 万 km，比 2019 年末增加 18.56 万 km；公路密度 54.15km/100km^2，比 2019 年增加 1.94km/100km^2；公路养护里程 514.40 万 km，占公路总里程 99.0%。2016—2020 年全国公路总里程及公路密度见图 1-1。

图 1-1　2016—2020 年全国公路总里程及公路密度

2020年末，全国四级及以上等级公路里程494.45万km，比2019年末增加24.58万km，占公路总里程比重为95.1%，提高1.4个百分点。二级及以上等级公路里程70.24万km，比2019年末增加3.04万km，占公路总里程比重为13.5%，提高0.1个百分点。高速公路里程16.10万km，比2019年末增加1.14万km；高速公路车道里程72.31万km，增加5.36万km。国家高速公路里程11.30万km，比2019年末增加0.44万km。2020年全国公路里程技术等级构成见图1-2。

2020年末，国道里程37.07万km；省道里程38.27万km；农村公路里程438.23万km，其中县道里程66.14万km、乡道里程123.85万km、村道里程248.24万km。

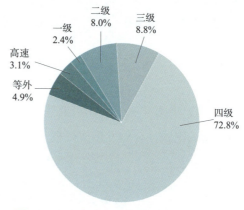

图1-2 2020年全国公路里程技术等级构成

二、公路运输设备

2020年末，全国拥有公路营运汽车1171.54万辆。拥有载客汽车61.26万辆、1840.89万客位，拥有载货汽车1110.28万辆、15784.17万吨位，其中，普通货车414.14万辆、4660.76万吨位，专用货车50.67万辆、596.60万吨位，牵引车310.84万辆，挂车334.63万辆。2016—2020年全国载货汽车拥有量见图1-3。

图1-3 2016—2020年全国载货汽车拥有量

第二节 我国公路桥梁发展状况

一、全国公路桥梁状况

根据交通运输部2021年5月发布的《2020年交通运输行业发展统计公报》，2020年末，全国公路桥梁91.28万座、6628.55万延米，比2019年末分别增加3.45万座、565.10万延米，其中特大桥6444座、1162.97万延米，大桥119935座、3277.77万延米。

二、部分省份高速公路桥梁状况

1. 陕西省部分高速公路主线桥梁状况

截至2020年底，陕西省高速公路通车里程突破6000km，实现了"县县通高速"的目标。陕西省部分高速公路主线桥梁情况见表1-1。

陕西省部分高速公路主线桥梁情况　　　　表1-1

序号	分公司名称	桥梁单幅总长度（m）	路线单幅长度（m）	桥梁数量（座）	桥梁长度占线路长度的比例（%）
1	安川分公司	142721	325734	391	43.8
2	安平分公司	48865	122398	178	39.9
3	西镇分公司	77811	229820	409	33.9
4	西商分公司	122987	268230	498	45.9
5	蓝商分公司	39343	332138	500	11.8
6	商界分公司	97717	339222	501	28.8
7	商漫分公司	78034	187660	430	41.6
8	水阳分公司	76760	158180	205	48.5
9	绕城分公司	59781	160700	448	37.2
10	机场分公司	21551	41160	67	52.4
11	北环线分公司	79466	225770	512	35.2
12	西长分公司	63846	357820	747	17.8
13	咸旬分公司	36335	187890	386	19.3
14	黄延分公司	94208	299928	452	31.4
15	宜富分公司	77354	384222	597	20.1
16	延靖分公司	65576	271422	482	24.2
17	延延分公司	88095	231052	444	38.1
18	延志吴分公司	93797	219860	394	42.7
19	吴定分公司	48934	184434	288	26.5
20	吴靖分公司	91419	376872	592	24.3
21	榆靖分公司	18104	408036	258	4.4
22	榆绥分公司	68286	237618	426	28.7
23	靖王分公司	8422	264576	132	3.2

陕西省部分高速公路桥梁见图 1-4～图 1-8。

图 1-4　我国第一条沙漠高速公路桥梁——陕西省榆林至靖边高速公路无定河特大桥

图 1-5　陕西省西安至商州高速公路桥

图 1-6　陕西省西咸北环高速公路永乐西互通立交桥

图 1-7　陕西省黄陵至延安高速公路岳屯水库特大桥

图 1-8　陕西省咸阳至旬邑高速公路三水河特大桥

2. 山东、浙江、江苏、广东等省部分高速公路桥梁

山东、浙江、江苏、广东等省部分高速公路桥梁见图1-9～图1-12。

图1-9　山东省胶州湾大桥

图1-10　浙江省杭州湾跨海大桥

图1-11　江苏省苏通长江公路大桥

图1-12　广东省广深沿江高速公路某大桥

第三节　我国公路桥梁养护管理措施

近年来，交通运输部持续推动公路桥梁养护高质量发展，强化公路桥梁养护"基层、基础、基本功"建设，指导各地进一步摸清危旧桥梁状况，强化危旧桥梁设计审查和施工质量监管。截至2021年9月，全国共完成危旧桥梁改造5005座，提前完成2021年危旧桥梁改造5000座的任务目标。

一、坚持问题导向，抓细任务落实

（1）桥梁静态、动态数据入库。为进一步夯实公路桥梁养护的工作基础，交通运输部抓紧推动建立部级桥梁数据中心技术架构，并完成数据分析应用功能开发，持续推进国家公路桥梁基础数据汇总完善工作。截至2021年10月，桥梁静态数据入库率已达90%，动态数据入库率已达70%，取得阶段性成果。

（2）印发指导文件。为深入开展危旧桥梁改造工作，全面提升公路安全保障水平，交通运输部印发《公路危旧桥梁改造行动方案》《公路危旧桥梁排查和改造技术要求》，指导各地开展公路危旧桥梁改造工作，充分衔接《公路"十四五"发展规划》，积极与财政部协调，落实保障资金。

（3）推进危旧桥梁改造。各地公路危旧桥梁改造工作扎实推进，取得积极成效。湖北省开展公路桥梁三年消危行动，拟在 2020—2022 年，通过省、市、县三级联动，完成全省现有公路危桥的加固改造任务，集中消除全省公路危桥安全隐患；四川省泸州市积极研究整治措施，落实保障资金，克服主城区封闭施工交通组织、维修整治技术攻关等难题，高标准完成 246 国道泸州长江大桥大修工作；江苏省徐州市公路管理处以党史学习教育为抓手，将 104 国道京沪铁路大桥改造工程纳入"我为群众办实事"实践活动，加快推进危桥改造工程。危旧桥梁改造前应先进行桥梁检测，再采取相应措施，见图 1-13、图 1-14。

图 1-13　桥梁检测现场

图 1-14　桥梁支座缺陷修复

（4）推进长大桥梁结构健康监测系统建设。交通运输部推进长大桥梁结构健康监测系统建设，印发《公路长大桥梁结构健康监测系统建设实施方案》，遵循"安全第一、预防为主，明确责任、分级管理，突出重点、分步实施，单桥监测、联网运行"的原则。2021 年，综合考虑桥型、系统新改建等因素，确定将 11 座长大桥梁作为建设试点，并编制《公路长大桥梁结构健康监测系统试点建设技术指南》，组织专家开展现场集中调研，从监测内容、测点布设、监测方法、监测系统、监测数据分析应用等方面，指导和规范试点桥梁结构健康监测系统的建设、维护和应用。

（5）逐桥明确责任主体和监管单位。根据《关于完善公路桥梁信息公开制度的通知》要求，各地对桥名、路线编号、路线名称、桥型、养护单位、综合交通行政执法单位、监管单位、联系电话等主要信息进行了梳理。同时，修订了《公路桥梁信息公示牌设置要求》《公路桥梁限载标志设置要求》，明确了桥梁限载标志的设置位置、设置范围，调整了总重限载值，增加了限载桥梁告示标志的设置，限载标志、信息公示牌的材料要求，并优化了桥梁信息公示牌设计。截至 2021 年 9 月 15 日，各地已基本完成公路桥梁"一桥一牌"设置，初步统计共完善桥梁限载标志设置 70 余万处，完善桥梁信息公示牌设置 30 余万处。

二、推动公路桥梁养护长效机制建设

（1）规范管理，制度先行。交通运输部修订并颁布《公路桥涵养护规范》（JTG 5120—2021），从管理实际出发，归纳总结近年来桥梁养护工作经验，按照"预防为主、防治结合"的理念，对桥梁检查评定、养护维修、灾害防治及技术管理等内容进行了修订，并完善了桥梁检查类别和频率规定，强化了初始检查、日常巡检、水下检测、技术管理等内容，为桥梁科学养护、相关人员科学决策提供了技术保障。

（2）推动形成统一开放、竞争有序的全国公路养护作业市场。2021年8月25日，交通运输部颁布《公路养护作业单位资质管理办法》，鼓励以公开招投标、政府购买服务等方式引入专业养护单位，提高公路桥梁养护专业化水平，鼓励专业养护企业做强、做优，跨区域长期承担公路桥梁周期性养护任务。

（3）开展国家公路网技术状况监测。为了进一步加强监管、防范风险、健全公路桥梁监管机制，交通运输部组织开展了国家公路网技术状况监测，持续督促各地做好公路桥梁日常巡查、病害处治、预警监测等工作。2021年监测工作分片区统一开展，对62座长大桥梁开展现场监督，将有关情况及时反馈给相关省级交通运输主管部门和公路桥梁运行管理单位。对存在重大问题的，按照规定对相关单位进行约谈或挂牌督办，督促落实属地责任，加强各地隐患排查、快速处置，确保公路桥梁安全运行。下一步，交通运输部将制定《公路桥梁养护管理工作手册》，学懂弄通"六个基本情况"，结合国家公路网技术状况监测，组织监测专家团队面向基层开展专家现场服务指导交流工作，提升基层桥梁养护基本功，持续推动公路桥梁养护高质量发展，为加快建设交通强国提供坚实支撑。

第二章
我国公路桥梁桥面铺装概述

桥面铺装是一种特殊的路面结构，起着保护桥面板、防止雨水侵蚀、分散集中荷载的重要作用，同时与桥梁主体一起发挥着承受弯矩和抵抗变形、延长桥梁使用寿命、让车辆行驶更安全舒适的诸多作用。

公路桥梁的桥面铺装分为两种：第一种为水泥混凝土桥面铺装（从梁体到铺装为"白＋白"结构）；第二种为沥青混合料桥面铺装（从梁体到铺装为"白＋黑"结构）。

第一节　水泥混凝土桥面铺装

在水泥资源丰富地区、特定水源保护地等路段的桥面，一般采用水泥混凝土桥面铺装。广珠高速公路水泥混凝土桥面铺装，如图 2-1 所示。包茂高速公路陕西境内西镇段水泥混凝土桥面铺装如图 2-2 所示。

图 2-1　广珠高速公路水泥混凝土桥面铺装

图 2-2　包茂高速公路陕西境内西镇段水泥混凝土桥面铺装

一、水泥混凝土桥面铺装特点

（1）优点。

桥面系整体性好、耐久性好、施工方便。

（2）缺点。

行车噪声大，维修不方便，表面抗滑能力衰减较快。

雨天的水泥混凝土桥面异常光滑，如图 2-3 所示。

二、水泥混凝土桥面铺装抗滑性能提升措施

水泥混凝土桥面铺装在雨雪天气时的抗滑性能较差,极易诱发交通事故,见图2-4。

图2-3 雨天的水泥混凝土桥面铺装

图2-4 某高速公路水泥混凝土桥面铺装因雨天湿滑而发生交通事故

针对水泥混凝土桥面铺装因雨天湿滑容易发生交通事故的情况,公路运营管理部门对水泥混凝土桥面铺装进行整修的具体措施如下:

(1)对水泥混凝土桥面铺装进行微铣刨,提升抗滑性能,见图2-5。
(2)在水泥混凝土桥面铺装上增设减速标线,提升抗滑性能,见图2-6。
(3)在桥隧相接处增设减速标线并设置机器人警察,见图2-7。
(4)在连接相邻隧道的中小桥上搭建防雨棚,见图2-8。

图2-5 对水泥混凝土桥面铺装进行微铣刨以提升抗滑性能

图2-6 在水泥混凝土桥面铺装上增设减速标线以提升抗滑性能

图2-7 在桥隧相接处增设减速标线并设置机器人警察

图2-8 在连接相邻隧道的中小桥上搭建防雨棚

第二节　沥青混合料桥面铺装

一、概述

目前，我国已形成了以普通沥青混凝土、浇注式沥青混凝土、环氧沥青混凝土、排水性沥青混合料和沥青玛蹄脂碎石混合料等为主的沥青混合料桥面铺装体系。

浇注式沥青混凝土技术自从在江阴长江公路大桥采用后，先后应用于胶州湾大桥、港珠澳大桥等重点项目。在项目实践中，通过总结提升，业界逐步形成了适合我国桥梁使用环境的浇注式沥青混凝土铺装体系。我国从 2002 年引进美国环氧沥青混凝土铺装技术后，先后在南京八卦洲长江大桥、苏通长江公路大桥等大跨径桥梁中推广应用，目前该技术已趋成熟。排水性沥青混合料铺装技术引进我国后，先后在城市道路、高速公路等领域成功应用，目前已实现规模化铺筑。该技术在提高雨天行车安全性方面具有独特的优势。沥青玛蹄脂碎石混合料在欧洲已有 50 多年的使用历史，我国从 20 世纪 90 年代初引进该技术后，成功应用于杭州湾跨海大桥等桥面铺装工程。

沥青混合料桥面铺装应用情况见图 2-9～图 2-13。

图 2-9　广深沿江高速公路沥青混合料桥面铺装

图 2-10　广州白云机场高速公路沥青混合料桥面铺装

图 2-11　陕西省延安安塞经志丹至吴起高速公路沥青混合料桥面铺装

图 2-12　上海市政道路沥青混合料桥面铺装

图 2-13　港珠澳大桥沥青混合料桥面铺装

目前，我国公路水泥混凝土桥面应用较为广泛的铺装结构是在水泥混凝土调平层上摊铺沥青混合料。这种结构形式在保证桥面铺装层整体强度的同时又可以提高行车的舒适性、低噪性和抗滑性，而且运营期维护方便、快捷。

二、沥青混合料桥面铺装典型结构及各层功能

以水泥混凝土箱梁桥为例，其桥面沥青混合料铺装典型结构示意图见图2-14，沥青铺装工程实体剖面图见图2-15。

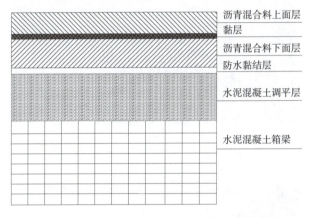

图2-14　水泥混凝土箱梁桥面沥青铺装典型结构示意图

图2-15　水泥混凝土箱梁桥面沥青铺装工程实体剖面图

沥青混合料桥面铺装结构各层位的功能如下：

（1）沥青混合料上面层：直接与车辆轮胎及大气接触，需提供平整、抗滑、耐久的行驶表面。沥青混合料上面层应粗糙，要有足够的纹理以提供长期的抗滑功能。沥青混合料上面层在高温天气直接承受阳光照射，直接与雨水、酸雾等接触，因而要有足够的热稳性能、抗老化性能、抗水损害性能、抗裂性能等。

（2）黏层：提高层间黏结能力，使桥面沥青铺装各结构层形成整体强度，抵抗桥面剪切变形。

（3）沥青混合料下面层：承重和传递荷载。沥青混合料下面层需要有良好的热稳性能、抗水损害性能、适应桥梁结构变形的能力等，还要有良好的密水性。一般情况下，沥青混合料下面层应采用空隙率小、抗渗水性好、抗车辙能力强的混合料类型。

（4）防水黏结层：保护水泥混凝土调平层及梁板不受表层渗入的雨、雪水侵害，与水泥混凝土调平层、相邻沥青混合料铺装层形成抗剪连接的组合体。

（5）水泥混凝土调平层：作为沥青混合料铺装层与水泥混凝土梁板的过渡结构层，起到对梁板架设后路线纵横坡度的调整作用，同时起到将车辆荷载传递至桥梁的缓冲作用。

三、几种常用的沥青混合料桥面铺装材料

沥青混合料在我国桥面铺装中应用较多，基于不同的功能需要，铺装材料可按需设计。

（一）桥面密级配沥青混凝土铺装（AC类）

由于密级配沥青混凝土的组成材料取材方便，施工技术难度不大，便于养护，造价相对较低，

因此被广泛采用。

桥面密级配沥青混凝土铺装的特点是沥青混合料易于拌和、摊铺、压实，结构密实，防水性能良好，但抵抗车辙能力相对较低。

桥面密级配沥青混凝土铺装见图 2-16。

a)

b)

图 2-16 桥面密级配沥青混凝土铺装（AC 类）

（二）桥面沥青玛蹄脂碎石混合料铺装（SMA 类）

为了提高桥面耐久性，特别是抗车辙能力、抗滑能力，可采用沥青玛蹄脂碎石混合料作为桥面铺装层材料。

桥面沥青玛蹄脂碎石混合料铺装的特点是材料组成复杂，技术难度大，不容易施工，不便于二次修补，造价相对密级配沥青混合料铺装结构较高。

桥面沥青玛蹄脂碎石混合料铺装见图 2-17～图 2-19。

图 2-17 陕西省西安至商州高速公路沥青玛蹄脂碎石混合料桥面铺装

图 2-18 桥面沥青玛蹄脂碎石混合料铺装效果

图 2-19 陕西省西咸北环线橡胶沥青玛蹄脂碎石混合料桥面铺装

国内部分桥面沥青玛蹄脂碎石混合料铺装情况见表 2-1。

国内部分桥面沥青玛蹄脂碎石混合料铺装情况   表 2-1

序　号	桥梁名称	结构形式
1	杭州湾跨海大桥（引桥）	双层 (4.5cm) 改性沥青 SMA-13
2	鹅公岩大桥（引桥）	双层改性沥青 SMA-10
3	滨州黄河公路大桥	改性沥青 SMA-13+ 纤维改性沥青 AC-20
4	汕头海湾大桥	改性沥青 SMA-13+ 改性沥青 SMA-16
5	崖门大桥	改性沥青 SMA-13+ 富沥青混凝土 FAC-16

（三）桥面排水性沥青混合料铺装（OGFC 类）

1. 结构设计原理

为了解决雨天行车安全问题，常采用排水性沥青混合料作为桥面铺装层材料。

桥面排水性沥青混合料铺装结构设计采用"上透、下排"原理，即雨水进入桥面表面后，迅速渗透到大孔隙的桥面结构中，再经下承层横向排至桥面排水沟，再由桥梁泄水孔排到桥下。排水性沥青混合料排水效果演示见图 2-20。

图 2-20　排水性沥青混合料排水效果演示

2. 特点

（1）采用高黏度改性沥青拌制的排水性沥青混合料（图 2-21），由于沥青黏度大，故具有很强的黏聚力。

（2）抗滑性能好，排水性能好，行车安全性高。

（3）筑路材料组成复杂，技术难度大，不容易施工，不便于二次修补，造价相对较高。

图 2-21　采用高黏度改性沥青拌制的排水性沥青混合料

3. 在国内的应用情况

2009 年，陕西省西安咸阳国际机场专用高速公路渭河特大桥铺设了双向八车道的长达 20km 的排水性沥青路面，是当时我国规模较大的排水性铺装工程，如图 2-22 所示。通过对该工程进行长时间的跟踪检测，发现采用高黏度改性剂的排水性沥青混合料具有良好的使用效果。

另外，我国杭州、武汉、南宁、大连等城市都采用排水性沥青铺装来提升道路的安全性能和降噪性能。

图 2-22　西安咸阳国际机场专用高速公路渭河特大桥 OGFC-13 桥面铺装

我国部分 OGFC 类桥面铺装结构形式见表 2-2。

我国部分 OGFC 类桥面铺装结构形式　　表 2-2

序号	桥梁名称	结构形式
1	西安咸阳国际机场专用高速公路渭河特大桥	4cm 高黏度沥青 OGFC-13+6cm 聚酯纤维改性沥青 AC-20
2	南京纬七路西延高架桥	3cm 橡胶沥青 OGFC-13+6cm 改性沥青 AC-20S
3	重庆嘉华大桥	4cm 高黏度沥青 OGFC-13+3.5cm 改性沥青 GA-10

（四）AC 类桥面铺装与 OGFC 类桥面铺装行车安全性对比

AC 类桥面铺装与 OGFC 类桥面铺装行车安全性对比见图 2-23、图 2-24。

图 2-23　下雨天车辆在 AC 类桥面上行车，轮胎溅水严重，视线模糊

图 2-24　下雨天车辆在 OGFC 类桥面上行车，轮胎无溅水，视线清晰

（五）AC 类桥面铺装与 SMA 类桥面铺装单价对比

某高速公路项目 AC 类桥面铺装与 SMA 类桥面铺装单价对比见表 2-3。

AC 类桥面铺装与 SMA 类桥面铺装单价对比表　　表 2-3

标段	设计厚度（mm）	AC-13（元/m²）	SMA-13（元/m²）	差价（元/m²）	增长百分比（%）
LM-1	40	51.49	65.59	14.1	27.4
LM-2	40	50.09	71.28	21.19	42.3
平均值	40	50.79	68.44	17.65	34.9

四、桥面沥青铺装层间黏结材料

桥面沥青铺装层间防水黏结层作为桥面铺装的重要部分，对桥面的整体强度以及桥面耐久性都有较大影响，良好的层间处治可以在很大程度上延长桥面的使用寿命。

（一）桥面设置防水黏结层的目的

桥面混凝土冻融破坏和主梁钢筋腐蚀的主要原因是水分侵入和盐冻，因此，必须改善混凝土质量，并在其上增设防水黏结层。

桥梁所处环境的气候不同，水对桥梁结构的侵蚀和对桥面铺装的破坏程度不同，对桥面铺装的防水性能要求也不同。为此，桥面铺装防水体系应与桥梁设计安全等级及气候条件相适应，桥梁设计安全等级越高，对桥面铺装防水性能的要求也越高。

防水黏结层性能直接影响桥面铺装的耐久性。有的桥面在建成通车不久后沥青铺装就出现了脱层、开裂、推移等病害。之所以产生这类问题，是因为在设计初期不重视防水黏结层，或者未能选择合适的防水黏结层。

（二）水泥混凝土调平层上的防水黏结材料

《公路沥青路面设计规范》（JTG D50—2017）要求，水泥混凝土桥面防水层材料应具有足够的黏结强度、防水能力、抗施工损伤能力和耐久性，可采用热沥青、涂膜等。

防水黏结体系包括热沥青与同步碎石封层组合、FYT-1型改性沥青防水涂料、AMP-100二阶反应型防水涂料、聚氨酯防水涂料、橡胶沥青防水涂料等。

1. 热沥青与同步碎石封层组合

热沥青采用橡胶沥青或SBS改性沥青，沥青膜厚度宜为1.5～2.0mm，单粒径碎石撒布覆盖率应为60%～70%。

施工工艺：将橡胶沥青或SBS改性沥青加热至180～185℃，均匀洒布在水泥混凝土调平层上，形成沥青黏层，洒布量为1.5～2.0kg/m²；将加热至200～220℃的碎石均匀撒在摊铺好的沥青黏层上，撒布量为5～6kg/m²，最终形成热融橡胶沥青或SBS改性沥青与同步碎石封层组合的防水黏结层。铺筑上层热拌沥青混合料后，封层中的沥青融化，并在沥青混合料碾压成型时融为一体，形成防水黏结体系。

橡胶沥青与碎石封层同步施工见图2-25。

图2-25 橡胶沥青与碎石封层同步施工

2. FYT-1型改性沥青防水涂料

FYT-1型改性沥青防水涂料是以优质重交沥青为基料，添加橡胶和树脂材料改性，以高聚物乳液为主要成膜物质并添加多种功能助剂而成的水性防水涂料。

施工工艺：清理、清扫水泥混凝土表面的杂物、浮尘，凿毛其表层浮浆，将FYT-1型改性沥青防水涂料涂刷于水泥混凝土调平层表面。防水涂料应分3次涂刷，每次涂刷间隔4～5h，洒布量为1.5～3.0kg/m²。待防水涂料完全固化后再进行沥青混合料面层的施工，从而形成防水黏结体系。FYT-1型道桥专用防水涂料施工见图2-26。

3. AMP-100二阶反应型防水涂料

AMP-100二阶反应型防水涂料主要用于各种大小型桥面工程的防水，是一种高分子复合材料，是采用石油沥青为主要原料，配以表面活性剂及多种化学助剂，再掺加大剂量的高分子聚合物改性而成的一种复合防水涂料。

AMP-100二阶反应型防水涂料的作用机理：单组分黑色黏稠液体中含有渗透性材料，可以渗透到水泥混凝土毛细孔内 3～5mm 深度，充分与水泥混凝土中碱物质和氧气及水发生固化反应，修复水泥混凝土微缺陷，堵塞渗水孔，从而起到良好的防水效果；还可以与界面防水黏结层形成"钉子效应"，提高黏结、剪切强度。

图 2-26　FYT-1 型道桥专用防水涂料施工

一阶反应过程：形成弹性胶质防水黏结层，使防水黏结层初步形成内聚力，有效抵抗防水黏结层的脱层、起皮以及被车辆碾破。同时要求防水黏结层不会完全发生固化反应，否则与沥青面层难以黏结。

二阶反应过程：初步固化的防水黏结层在高温（高于 100℃）沥青混合料的作用下产生微溶化分布，在车辆碾压作用下集料大颗粒嵌入防水黏结层中，形成均匀分布的剪力键。

施工工艺：清理、清扫水泥混凝土调平层表面的杂物、浮尘，凿毛其表层浮浆，将 AMP-100 二阶反应型防水涂料均匀喷洒于水泥混凝土调平层表面。防水涂料喷洒分 3 次完成，第一次施工和第二次施工间隔 4～8h，洒布量为 0.3～0.4kg/m²。防水涂料施工 12h 后，应进行沥青混合料面层的施工，以形成防水黏结体系。

道桥 AMP-100 二阶反应型防水涂料施工见图 2-27。

4. 聚氨酯防水涂料

聚氨酯防水涂料是由异氰酸酯、聚醚等经加成聚合反应而生成的含异氰酸酯基的预聚体，配以催化剂、无水助剂、无水填充剂、溶剂等，经混合等加工制成的单组分聚氨酯防水涂料。

图 2-27　道桥 AMP-100 二阶反应型防水涂料施工

施工工艺：清理、清扫水泥混凝土调平层表面的杂物、浮尘，凿毛其表层浮浆，洒布聚氨酯防水涂料，分 3 次施工，注意主剂和固化剂的掺配比例，底层主剂与固化剂的比例为 5∶1，中间层主剂与固化剂的比例为 1∶1，面层主剂与固化剂的比例为 2∶1，所有涂料要求混合均匀后 40min 之内施工完毕。面层固化前撒布石英砂集料，粒径为 2～4mm，用量为 1kg/m²，以形成防水黏结体系。桥面聚氨酯防水涂料施工见图 2-28。

5. 橡胶沥青防水涂料

橡胶沥青防水涂料是一种以活性橡胶、沥青和特殊添加剂为主要原料，经过特殊工艺制成的无污染、高蠕变性的热熔型防水涂料。

橡胶沥青防水涂料能解决因基层开裂应力传递给防水层造成的防水层断裂、防水层挠曲疲劳或处于高应力状态下提前老化等问题，不受建筑物二次沉降变形所产生的裂缝影响，能完美解决串水问题。

橡胶沥青防水涂料黏结性能优异，碰触即黏结，难以剥离；相容性强，可与潮湿基面黏结，也可与各种防水卷材、木材、金属等基材黏结。

施工特点：方便快捷，立即成膜，无须养护，无须搭接，能够有效提高工程效率和加快施工进度。

桥面橡胶沥青防水涂料涂刷后效果见图2-29。

图2-28 桥面聚氨酯防水涂料施工

图2-29 桥面橡胶沥青防水涂料涂刷后效果

6. 聚氨酯防水涂料与橡胶沥青防水涂料的区别

（1）制作方法不同。

橡胶沥青防水涂料运用高分子合成技术，是新型特级橡胶防水涂料，加入环氧树脂和树脂基团使其具有更多功能，且更环保。其与聚氨酯防水涂料的制作方法不同。

（2）特点不同。

聚氨酯防水涂料：强度高，延伸率大，耐水性能好。

橡胶沥青防水涂料：耐候性好，抗酸性强，抗变形。

（3）使用效果不同。

聚氨酯防水涂料：与基面黏结力强，涂膜中的高分子物质能渗入基面微细缝内，追随性强。

橡胶沥青防水涂料：固化后呈橡胶状，高弹性，无接缝，防水防腐层无接头，为连续封闭体系。

（三）沥青铺装层间的改性乳化沥青黏结材料

基于加工方便、洒布容易的优点，大多采用改性乳化沥青材料作为桥面沥青铺装层间黏结的材料。就材料组成与性能而言，其可分为SBS改性乳化沥青和SBR改性乳化沥青。

SBS改性乳化沥青和SBR改性乳化沥青的区别见表2-4。

SBS改性乳化沥青和SBR改性乳化沥青的区别　　　　表2-4

比较内容	SBS改性乳化沥青	SBR改性乳化沥青
生产方法	基质沥青+SBS+添加剂→高速剪切胶体磨剪切→SBS改性沥青（降温至150～160℃）+乳化剂水溶液（85℃左右）→高速剪切胶体磨剪切	基质沥青（加热至熔融状态，120～140℃）+乳化剂水溶液（85℃）+胶乳→胶体磨剪切

续上表

比较内容	SBS 改性乳化沥青	SBR 改性乳化沥青
性能特点	黏度高、高温性能好（软化点高）、黏结强度高	低温延度好、抗裂性好、黏附性好
固体物含量	残留物含量大于 55%	残留物含量大于 50%
适应范围	沥青层间结合	沥青混凝土之间结合、水泥混凝土和沥青混凝土之间结合
喷洒要求	智能喷洒车提前 12h 洒布	智能喷洒车提前 4h 洒布

乳化沥青生产车间见图 2-30。洒布在桥面沥青下面层表面的 SBR 改性乳化沥青黏层油见图 2-31。

图 2-30　乳化沥青生产车间

图 2-31　洒布在桥面沥青下面层表面的 SBR 改性乳化沥青黏层油

（四）不同防水黏结材料抗剪强度对比

对于 SBR 改性乳化沥青、SBS 改性乳化沥青、橡胶沥青、环氧沥青、高黏沥青及 AMP-100 等不同防水黏结材料，其抗剪强度与材料用量关系见图 2-32。

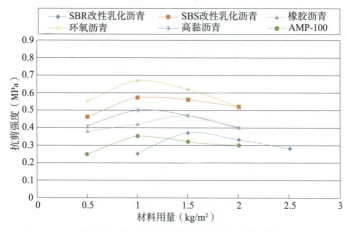

图 2-32　防水黏结材料抗剪强度与用量关系

由图 2-32 可以看出，环氧沥青的抗剪强度峰值最大，其次是 SBS 改性乳化沥青，最小的是 AMP-100。也就是说，环氧沥青和 SBS 改性乳化沥青的抗剪性能较其他几种防水黏结材料具有明显的优势。

第二篇

桥面沥青铺装病害类型与表现形式

DISEASE PREVENTION AND MAINTENANCE TECHNOLOGY
OF ASPHALT PAVING ON CEMENT CONCRETE BRIDGE DECK

第三章 桥面沥青铺装病害概述

第一节 桥面沥青铺装主要病害类型

桥面沥青铺装病害的主要类型有水损坏类病害、变形类病害、裂缝类病害以及其他类病害。桥面沥青铺装病害的主要表现形式见表3-1。

桥面沥青铺装病害主要表现形式　　　　　表3-1

主要病害类型	主要表现形式
水损坏类	渗水、唧浆、坑槽
变形类	车辙、波浪拥包
裂缝类	横向裂缝、纵向裂缝、网状裂缝、龟裂
其他类	集料松散、集料脱落、磨光

桥面沥青铺装病害主要类型占比见图3-1。

某桥面沥青铺装坑槽病害见图3-2。

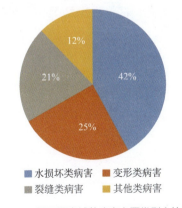

图3-1 桥面沥青铺装病害主要类型占比图

图3-2 某桥面沥青铺装坑槽病害

某桥面沥青铺装病害处治后，表观色差极大，见图3-3。桥面沥青铺装产生的病害，降低了桥面整体品质，见图3-4。

图 3-3　某桥面沥青铺装病害处治后，表观色差极大

图 3-4　桥面沥青铺装产生的病害，降低了桥面整体品质

第二节　桥面沥青铺装病害对桥梁运营的影响

桥面沥青铺装出现病害后，必然对桥梁运营产生不利影响，主要有以下几个方面：

1. 影响桥面美观

桥面沥青铺装病害小到渗水、唧浆，大到车辙、坑槽，均会对桥面沥青铺装的外观造成一定的影响，从而大大降低桥梁的服务品质，与项目建设目标以及"内实外美"的社会需求不相适应。

2. 影响行车安全

桥面沥青铺装出现的严重病害，比如严重车辙、磨光以及因为梁板破损引起的坑槽，均会对行车安全造成严重影响，甚至引发交通安全事故。对此，必须进行修复，以保障桥梁运行及行车安全。

3. 缩短结构寿命

桥面沥青铺装层产生的各种病害，无论是从最初的桥面沥青铺装破损，到调平层破损，再到后期的梁板损坏，都会间接导致桥面沥青铺装乃至桥梁结构受损，从而影响桥梁的使用寿命。

4. 修复难度较大

运营期桥面沥青铺装病害修复，必然涉及道路封闭、设备调遣、材料进出场等，受封闭时间限制，一些修复工艺复杂的病害，施工难度很大，且施工后较难恢复到正常使用状态。

5. 增加养护成本

桥面沥青铺装病害将导致其在运营期反复或多次修复，必将大大增加桥面沥青铺装的养护成本。当维修部位处于沥青铺装底层时，采取"刨根问底"式的根治方案，必然需要花费大量资金。

第四章
水损坏类病害

桥面沥青铺装水损坏类病害主要包括渗水、唧浆和坑槽。这类病害属于运营期的早期病害。

第一节 渗水

一、渗水的含义

在桥面沥青铺装中，渗水是指下雨或下雪融化后的水分，通过沥青铺装层表面的空隙渗入桥面铺装层内部，在车辆荷载和大气作用下，成为高孔隙水压力和高流速的水流，使沥青黏附性降低并逐渐丧失黏结力，继而使沥青路面出现掉粒、松散，逐渐产生唧浆、坑槽等现象的一种病害。

二、渗水的形式

1. 上下连通式渗水

上下连通式渗水是指沥青铺装的空隙上下连通，水从表面的空隙直接进入桥面铺装结构内部。

2. 水平方向渗水

水平方向渗水是指沥青铺装的空隙水平连通，如同"U"形管一样，水从表面空隙进入，在桥面铺装结构层水平方向蜿蜒行进，最后又从表面空隙出来。

3. 复合式渗水

复合式渗水是指既有上下连通式渗水，也有水平方向渗水。一般说来，完全的水平方向渗水现象很少，更多的还是上下连通式渗水。

三、渗水的危害

渗水初期影响桥面美观，进而形成桥面坑槽，见图4-1，危及行车安全。

a)

b)

图4-1 桥面渗水病害

第二节 唧浆

一、唧浆的含义

唧浆是指桥面沥青铺装层与水泥混凝土调平层之间渗入雨水，在荷载的反复作用下，两层之间形成的灰白色灰浆通过沥青铺装层缝隙渗出桥面形成的泛白现象。

二、唧浆的形成过程

（1）在汽车荷载的作用下，沥青铺装层的粗集料对水泥混凝土调平层造成损伤，形成灰浆。

（2）灰浆从孔隙或裂缝中被汽车荷载挤出，形成唧浆。

唧浆的孔一般都很小，肉眼看直径只有1~2cm，但被挤出的灰浆可能喷射到数米以外，冲击力很大。

水泥混凝土调平层因破损，在雨水浸湿下冒浆产生唧浆病害，见图4-2。

三、唧浆的危害

唧浆同渗水一样，其危害是，初期影响桥面美观，进而形成桥面坑槽，见图4-3，危及行车安全。

图4-2 桥面唧浆病害

图4-3 桥面因唧浆产生坑槽

第三节 坑槽

在桥面沥青铺装的众多病害中，坑槽病害占比最高。

一、坑槽的含义

坑槽是指沥青铺装层表层破损或者位于其下层的水泥混凝土调平层破损甚至梁板破损，导致沥青铺装层的集料局部脱落而产生的桥面坑洞，见图4-4。

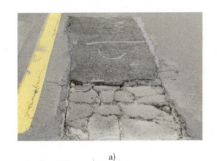
a)

b)

c)

图 4-4　桥面坑槽病害

二、坑槽的形成原因

（1）桥面沥青铺装受到柴油等腐蚀性油料侵蚀，造成混合料松散，形成坑槽，见图 4-5。

（2）由于水泥混凝土调平层结构致密，不能将渗水排除，雨、雪水滞留在沥青铺装层和调平层的界面之间。与此同时，沥青铺装层和调平层界面条件恶化，沥青铺装层底部承受很大的拉应力，在反复疲劳荷载作用下，产生坑槽，见图 4-6。

图 4-5　柴油污染桥面产生的坑槽

a)

b)

图 4-6　桥面长期积水，产生坑槽病害

三、坑槽的常见形式

桥面沥青铺装坑槽病害可分为浅表型坑槽、调平层破损导致的坑槽、梁板破损导致的坑槽。

1. 浅表型坑槽

浅表型坑槽是沥青铺装材料组合不当或施工质量差，混合料黏结力不足，使沥青铺装层混合料的集料间失去黏结力而成片散开，松散的材料被车轮的真空吸力以及雨、雪水等带离桥面，在桥面沥青铺装表层形成大小不等的坑槽。

这类坑槽的特点是可快速修补，能够保证耐久性。浅表型坑槽及修补见图 4-7～图 4-9。

2. 调平层破损导致的坑槽

雨、雪水浸入桥面的结构层，加上调平层质量较差，在荷载的反复作用下，导致沥青铺装表层及其下层的水泥混凝土破损，产生坑槽。

这类坑槽是因为水泥混凝土调平层破损而导致的，见图 4-10。

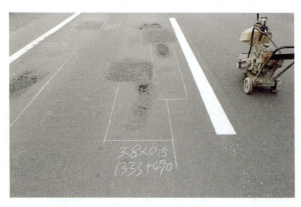

图 4-7　桥面浅表型坑槽

图 4-8　浅表型坑槽开挖

图 4-9　浅表型坑槽回填

图 4-10　水泥混凝土调平层破损，造成沥青铺装层破坏

这类坑槽的特点是调平层已松动、破损，产生唧浆。若只对沥青铺装进行修补，不能彻底解决该桥面病害。

图 4-11　某运营高速公路桥梁梁板破损，导致沥青铺装层出现破洞（临时用水泥混凝土修补）

3. 梁板破损导致的坑槽

桥梁梁板施工质量差，在车辆荷载的作用下出现破洞，导致水泥混凝土调平层破损，进而在沥青铺装层上产生大小不等的坑槽。

这类坑槽病害是因为梁板破损产生的，见图 4-11、图 4-12。

这类坑槽的特点是沥青铺装的根基已破坏，仅对表层修补后，该沥青层很快又会损坏。

图 4-12　某运营高速公路桥梁梁板破损导致的坑槽（梁板钢筋已露出）

四、坑槽的特点

（1）形状不规则，发展无规律。

（2）坑槽的深度与单层铺装厚度基本一致。

（3）集料松散后遇水并在车辆荷载作用下迅速形成坑槽，并逐渐扩大。

（4）修复工序繁多，如果修补工艺不到位，则坑槽病害容易复发。

（5）对行车安全的危害很大。

下雨期间，坑槽进水后，病害会进一步发展，见图 4-13。

图 4-13　雨天坑槽病害极易扩散

五、坑槽的危害

（1）影响桥面铺装美观。

（2）影响行车舒适性。

（3）病害严重时，危及行车安全，极易酿成交通事故。

（4）缩短了桥面铺装的整体使用寿命。

第五章
变形类病害

桥面沥青铺装变形类病害主要包括车辙和波浪拥包。

第一节 车辙

一、车辙的含义

车辙是指在桥面沥青铺装上,沿车辆轮迹产生深度在 1.5cm 以上的纵向带状凹槽的现象。从外观看,车辙表现为在行车荷载的反复作用下,车轮轮迹带处比旁边明显凹陷或沥青面层压缩变形。车辙是车辆在桥面上行驶后留下的永久压痕。

车辙直接影响车辆行驶的舒适性及桥面的安全性和使用寿命。桥面车辙深度的检测能为桥面的维修、养护等提供重要的信息。

二、车辙的分类

桥面沥青铺装的车辙主要有三大类,即磨耗型车辙、压密型车辙和失稳型车辙。

1. 磨耗型车辙

磨耗型车辙是指汽车轮胎与桥面铺装间的制动与牵引摩擦,导致桥面铺装在轮迹带处发生的变形,或车轮上加挂的防滑链或采用的埋钉式防滑轮胎,导致轮迹带处桥面铺装磨损而发生的变形,见图 5-1。

2. 压密型车辙

压密型车辙是指车辆荷载作用对桥面沥青铺装层产生二次压实,导致其发生的变形,见图 5-2。

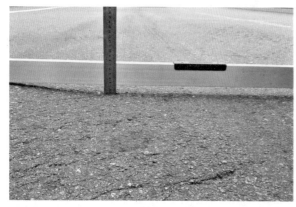

图 5-1 桥面沥青铺装磨耗型车辙

图 5-2 桥面沥青铺装压密型车辙

3. 失稳型车辙

失稳型车辙是指在车辆荷载的反复作用下，当沥青铺装层内部的剪应力大于沥青混合料的抗剪强度时，轮迹带范围内的沥青混合料产生侧向剪切流动变形，轮迹处下凹，同时两侧沥青混合料鼓起形成的车辙，见图 5-3。

三、车辙的危害

车辙病害初期影响桥面行车舒适性，进一步发展后将危及行车安全。严重的车辙不仅会剐蹭小型车辆底盘，而且车辆变换车道时，容易引发车辆侧翻。雨天车辙处积水（图 5-4），极易引发交通事故。

图 5-3 桥面沥青铺装失稳型车辙

图 5-4 桥面车辙积水

第二节　波浪拥包

一、波浪拥包的含义

波浪拥包是指在车辆的垂直力、水平力和振动力共同作用下，沥青铺装沿行车方向或边缘位置，产生推挤、鼓包和隆起甚至形成波浪、断裂的现象。

二、波浪拥包的形成原因

（1）沥青混合料是一种柔性材料，在高温下承受荷载时很容易发生变形。特别是在酷暑天气下，气温急剧上升，沥青在高温暴晒下变软，受力后严重变形。

桥面沥青铺装波浪拥包见图 5-5～图 5-7。

图 5-5 桥面沥青铺装推挤

图 5-6　桥面沥青铺装形成波浪

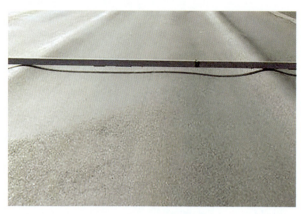

图 5-7　桥面沥青铺装鼓包

（2）重载是使沥青铺装发生变形的原因之一。当车辆荷载过大时，车辆反复施压桥面，降低沥青铺装层的抗剪能力，同时因为疲劳开裂造成波浪拥包等变形病害。

桥面沥青铺装波浪拥包病害主要出现在纵坡、弯道位置，见图5-8、图5-9。

三、波浪拥包的危害

（1）波浪拥包造成车道宽度发生变化，结构层横向开裂，诱发水损害，久而久之形成局部坑槽。

图 5-8　桥面沥青铺装鼓包病害主要集中在纵坡、弯道位置

（2）严重的波浪拥包（图5-10）容易造成小型汽车底盘刮蹭，引发交通事故。

图 5-9　桥面沥青铺装推挤病害主要集中在纵坡、弯道位置

图 5-10　严重的波浪拥包

第六章 裂缝类病害

裂缝是指在车辆荷载长期作用下,沥青铺装表面或内部产生的不规则的开裂现象。裂缝是沥青铺装结构承载能力、耐久性及防水性降低的主要表现。

裂缝主要分为横向裂缝、纵向裂缝、网裂和龟裂四种类型。

第一节 横向、纵向裂缝

一、横向裂缝

1. 表现形式

横向裂缝是指垂直于行车方向的裂缝,见图6-1～图6-3。

2. 特点

（1）裂缝可贯穿单幅桥面。

（2）不会像路基那样产生错台现象。

3. 产生的原因

（1）沥青铺装混合料老化,在车辆荷载作用下自然开裂。

（2）沥青铺装层层间黏结性能丧失,造成表面层沿着行车方向纵向推移。

二、纵向裂缝

1. 表现形式

纵向裂缝通常以单条或多条平行的裂缝形式出现,有时伴有少量的支缝。

2. 特点

裂缝较长,平行于轮迹带。

3. 产生的原因

（1）沥青铺装混合料老化,在车辆荷载作用

图6-1 桥面铺装横向裂缝

图6-2 桥面铺装表层横向裂缝

图6-3 桥面铺装表层铣刨后下层出现横向裂缝

下自然开裂。

（2）沥青铺装层层间黏结性能丧失，造成表面层沿着行车方向横向推移。

桥面铺装纵向裂缝见图6-4。

图6-4　桥面铺装纵向裂缝

第二节　网状裂缝、龟裂

一、网状裂缝的含义

网状裂缝是指桥面上的横向裂缝、纵向裂缝、斜向裂缝等相互交错而将桥面铺装上分割成许多不规则的裂块。网状裂缝属于疲劳裂缝发展的初期，一般为沥青结构层的反射裂缝，见图6-5～图6-7。

图6-5　桥面铺装表层网状裂缝

二、龟裂的含义

龟裂是指桥面受交通荷载作用后变形和挠度过大，而沥青铺装的柔性不足，同时又有重载车辆反复碾压，导致铺装材料疲劳而形成的一种裂缝，故也称为疲劳裂缝。龟裂病害见图6-8、图6-9。

图 6-6 桥面铺装表层铣刨后下层出现网状裂缝

图 6-7 桥面铺装网状裂缝

图 6-8 桥面铺装龟裂病害

图 6-9 桥面铺装龟裂病害细部

三、网状裂缝与龟裂的区别

在桥面的诸多病害中，常见而又容易混淆的病害是网状裂缝与龟裂。网状裂缝与龟裂均属于裂缝类病害，都是不规则的、网状的裂缝，均按面积计算其病害数量。网状裂缝与龟裂的区别如下：

（1）笼统地讲，网状裂缝是指大块的裂缝，龟裂是指小型的块状裂缝。

（2）形象地讲，网状裂缝呈渔网状，网格相对较大且线条细；而龟裂则像乌龟的壳一样，网格较小且缝纹较深、较密。

（3）从病害轻重程度上讲，网状裂缝属于轻微型病害，龟裂则是较严重的病害。

四、网状裂缝与龟裂的危害

（1）影响桥面美观。

（2）影响行车舒适性。

（3）作为坑槽的前期表现形式，是行车安全的潜在隐患。

（4）缩短了桥面铺装的使用寿命。

第七章 其他类病害

桥面沥青铺装其他类病害包括集料松散、脱落及磨光等病害。

第一节 集料松散、脱落

一、集料松散的含义

集料松散是指铺装层质量差、抗剪能力差，铺装层的各种混合物很难黏合在一起，导致铺装层集料松动的现象。

抗剪能力差使铺装层材料在压力作用下发生错动。铺装层松动则不能保护桥面，其最直接的影响就是加剧桥面的不平整性。

桥面沥青铺装集料松散病害见图7-1。

图7-1 桥面沥青铺装集料松散病害

二、集料脱落的含义

集料脱落是指在长期的车辆荷载和紫外线作用下，桥面沥青铺装混合料中沥青材料老化，导致混合料黏聚力降低的现象。特别是在车轮轮迹带处产生集料脱落的现象，见图7-2、图7-3。

图7-2 桥面沥青铺装集料脱落（一）

图7-3 桥面沥青铺装集料脱落（二）

三、集料松散、脱落的危害

集料松散、脱落严重时,一是会造成集料飞扬,危及周围车辆及乘客安全;二是会发展为坑槽病害。

第二节 磨光

一、磨光的含义

磨光是指桥面沥青铺装表面的粗糙程度伴随着车轮的不断磨耗而降低,表层构造特征功能衰减,从而产生的镜面现象,见图 7-4。

图 7-4 桥面沥青铺装磨光病害

二、磨光的表现形式

磨光常见的表现形式为粗集料磨光、细集料缺失严重等,特别是轮迹带位置呈镜面,见图 7-5。

a)

b)

图 7-5 桥面沥青铺装表面磨光表现形式

三、磨光的危害

磨光病害直接导致桥面抗滑能力下降,当车辆在桥面上高速行驶时,其制动能力降低,危及驾乘人员和车辆安全。

第三节 综合性病害

一、综合性病害的含义

综合性病害是指在桥面铺装上同时出现的两种或两种以上病害。相对于单一病害,综合性病害产生的周期长、治理难度大。

二、综合性病害的表现形式

1. 裂缝与坑槽

起初表现为裂缝，随着病害的发展，裂缝逐步演变为坑槽。裂缝与坑槽见图7-6。

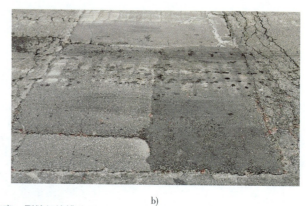

a)   b)

图7-6 综合性病害：裂缝与坑槽

2. 裂缝、坑槽、车辙

在车辆荷载的作用下，沥青混合料产生裂缝，并逐步演变为坑槽，而在高温和荷载的综合作用下，同时出现车辙，见图7-7。

3. 磨光、脱落、坑槽

桥面铺装磨光、脱落、坑槽综合性病害见图7-8。

图7-7 综合性病害：裂缝、坑槽、车辙

图7-8 综合性病害：磨光、脱落、坑槽

三、桥面铺装病害的相互关系与演变过程

1. 从渗水病害到坑槽病害的演变

桥面铺装从渗水病害到坑槽病害的演变见图7-9。

2. 从裂缝病害到坑槽病害的演变

桥面铺装从裂缝病害到坑槽病害的演变见图 7-10。裂缝病害进一步扩散见图 7-11。

3. 从车辙病害到波浪拥包病害的演变

桥面铺装从车辙病害到波浪拥包病害的演变见图 7-12。

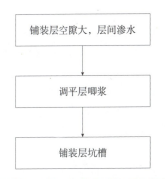

图 7-9　从渗水病害到坑槽病害的演变

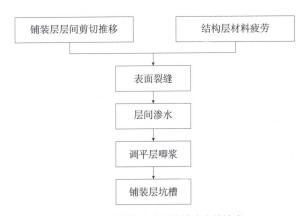

图 7-10　从裂缝病害到坑槽病害的演变

图 7-11　裂缝病害进一步扩散

四、综合性病害的危害

综合性病害是单一病害逐步发展的最终表现。发生综合性病害则表明桥面沥青铺装的功能已经基本丧失。由此带来的危害，早期是行车颠簸、安全隐患丛生，而最终在雨水持续下渗和车辆荷载的反复作用下，危及调平层和梁板的耐久性和安全性。最终必须进行铣刨重铺，以使桥面沥青铺装恢复使用功能。

桥面沥青铺装病害反复处治，会严重影响路容、路貌，见图 7-13。

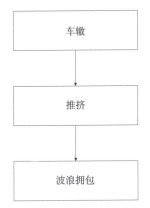

图 7-12　从车辙病害到波浪拥包病害的演变

图 7-13　桥面沥青铺装反复修补，路容、路貌差

第三篇

桥面沥青铺装力学性能与病害机理分析

DISEASE PREVENTION AND MAINTENANCE TECHNOLOGY
OF ASPHALT PAVING ON CEMENT CONCRETE BRIDGE DECK

第八章 桥面沥青铺装力学性能分析

第一节 桥面沥青铺装概述

一、桥面沥青铺装结构组成

桥面铺装是桥梁行车体系的重要组成部分，是为保护桥面板以及分散车轮的集中荷载，用沥青混合料、水泥混凝土、高分子聚合物等材料铺筑在桥面板上的保护层。

桥面铺装的基本作用是保护桥面板免受车轮或履带的直接磨耗，保护主梁不受雨水侵蚀，并借以分散车轮的集中荷载。

根据铺装材料的不同，桥面铺装可分为以水泥混凝土为材料的刚性桥面铺装和以沥青混合料为材料的柔性桥面铺装。

水泥混凝土桥面铺装结构强度较高，但其抗裂性能、行车舒适性以及耐久性较差，加之维修不便，目前主要应用于小型桥梁。

沥青混合料桥面铺装相对于水泥混凝土桥面铺装而言，具有良好的行车舒适性，且抗裂、抗疲劳性能较好，养护、维修方便，因此在大中型桥梁桥面铺装中应用越来越广泛。

从宏观上来讲，桥面沥青铺装结构由两部分组成，包括：

（1）上部结构：沥青铺装层（一般分为上、下两层）。

（2）中部结构：水泥混凝土调平层。

沥青铺装的层位由上及下依次为：AC-13C（或 SMA-13 / OGFC-13）上面层 + 黏层 +（AC-20C）下面层 +SBS 改性沥青（或橡胶沥青）碎石封层 + 黏层 +C40 水泥混凝土调平层 + 在梁板及湿接缝顶面预埋的连接钢筋 + 水泥混凝土预制梁板。沥青铺装工程实体层位关系的切割面见图 8-1。

图 8-1 沥青铺装工程实体层位关系的切割面

二、高速公路桥面沥青铺装与路基段、隧道内沥青铺装的异同

高速公路桥面沥青铺装与路基段、隧道内沥青铺装的异同见表 8-1。

高速公路桥面沥青铺装与路基段、隧道沥青铺装的异同　　　　表 8-1

结　构　层	常规的铺装层数（层）	气候条件	工　　况	受力	病害产生概率
桥面沥青铺装	2	全天候经受日照、大风雨雪天气考验	结构层悬空	复杂	最大
路基段沥青铺装	2～3	全天候经受日照、大风雨雪天气考验	结构层基础稳固	简单	大
隧道内沥青铺装	2	不受日照、大风雨雪天气影响	结构层基础稳固	简单	小

三、桥面沥青铺装性能要求

基于桥面铺装与桥梁结构的显著差异和自身特点，桥面沥青铺装基本性能要求主要包括以下几点：

1. 良好的高温稳定性

目前，国内大跨径桥梁一般采用箱梁结构，而箱梁内部大多通风不畅，散热差。在夏季炎热高温条件下，采用箱梁结构的桥梁桥面板的温度要比实际气温高，且沥青混合料桥面铺装在日照下的温度也要比实际气温高。高温条件下，沥青混合料黏弹性特征明显，因此桥面沥青铺装要有良好的高温稳定性。

2. 良好的抗裂、抗疲劳性能

在不利的气候条件及车辆荷载的反复作用下，沥青混合料桥面铺装容易产生疲劳开裂病害。由于桥面铺装层的刚度一般小于桥面板的刚度，在荷载作用下会产生较大的变形及振动，因此桥面铺装材料需要具有较强的抗裂、抗疲劳性能。

3. 良好的防水性能

桥面铺装的一项基本作用是保护桥面板免受雨水、盐溶液等的侵蚀。如果桥面铺装防水性能不佳，桥面板会受到雨水、盐溶液等腐蚀性物质的侵害，严重影响桥梁结构的安全性与耐久性。因此，桥面铺装需要具有良好的防水性能及排水功能。与此同时，良好的防水性能对沥青混合料桥面铺装起到保护作用，能减少水损害的发生。

4. 良好的协同变形性能

沥青混合料桥面铺装与水泥混凝土桥面铺装相比，弹性模量要小得多，协同变形要求桥面铺装材料在满足强度要求的同时也要具有较强的变形能力，而沥青混合料桥面铺装可以利用铺装层层间黏结力与桥面板共同受力、协同变形。桥面铺装与桥面板间的黏结力不足，在车辆荷载、温度作用等综合作用下会产生波浪拥包、车辙等剪切破坏，严重时会导致桥面铺装与桥面板脱离，出现脱层现象，桥面铺装会被迅速破坏，彻底丧失应有的功能。黏结力是铺装层与桥面板界面之间完全连续的保证。如果黏结力不足，桥面铺装没有有效约束，在荷载作用下会很快与桥面板分离并发生破坏。因此，层间黏结力是桥面铺装正常工作的保证。

5. 良好的平整度和抗滑性能

良好的平整度和抗滑性能直接改善桥面铺装的行车舒适性、安全性等使用性能。与此同时，良好的平整度和抗滑性能也会降低车辆荷载对桥面铺装及桥面板的冲击作用，减小桥面铺装内部的应力。

四、桥面沥青铺装层与路基段沥青结构层受力差异

桥面沥青铺装层与路基段沥青结构层受力差异见表 8-2。

桥面沥青铺装层与路基段沥青结构层受力差异　　　　表 8-2

指　　标	桥面沥青铺装层	路基段沥青结构层
面层结构设计	厚度一般仅有 7～11cm	厚度一般为 15～22cm
弯拉应力	受拉区位于上面层	受拉区位于中、下面层
剪应力	剪应力最不利位置在铺装层的层间结构层上，剪应变和节点位移主要发生在这一区域，因此桥面铺装层的层间结构层处容易发生破碎	最大剪应力产生的位置与车辆行驶的位置有关，剪应力最不利位置在轮胎边缘附近上面层 2～3cm 厚度以内
温度应力	温度应力大，桥梁通风环境比较好，在高温季节降温速率与降温幅度明显更大	温度应力小，仅在表面层出现最大值
主要病害形式	主要是水损害（因渗水产生坑槽）、铺装层的层间破坏（因层间黏结不好产生波浪拥包）	相对桥面而言，其病害不突出

第二节　桥面沥青铺装力学特性

关于桥面沥青铺装的力学性能，国内外都经历了从静力分析逐渐向动力分析转变的过程，所采用的方法主要有理论解析法和数值模拟法两种。

在最初进行一些简单分析的时候，会采用理论解析法，但理论解析法在分析过程中有很大的局限性，不能对一些实际问题进行求解。而后来随着有限元法的出现以及其与计算机的结合和发展，利用计算机技术对实际的工程结构进行分析成为可能。目前，基本都是利用有限元法采用线弹性的理论对桥面铺装层进行计算和分析。业界对桥面铺装层的具体研究，主要集中在桥面沥青铺装结构的力学特性和桥面防水黏结层这两个方面。

一、车辆荷载作用下桥面沥青铺装力学特性

车辆荷载作用下，桥面沥青铺装与梁体是作为整体受力的。沥青混合料以及防水层设计与施工不当是沥青铺装早期病害产生的内在原因。桥面沥青铺装与沥青桥面结构相比有很大的差异性，因此受到荷载和环境作用时其病害类型更加复杂。病害不仅造成直接或者间接的巨额经济损失，还会造成极坏的社会影响。

沥青混合料是一种柔性材料，桥梁下部构造物对其而言均为刚性材料。沥青混合料与（钢筋）水泥混凝土性能相差很大。在外力作用下，沥青混合料上、下部位的受力状态具有显著的间断性。

1. 车辆荷载大小对铺装层受力的影响

车辆在桥面上行驶的过程中，当制动时，会通过轮胎作用给桥面铺装表面施加一个水平力，这个水平力的大小为

$$T = \varphi P$$

式中：T——车辆施加给桥面的水平力；

φ——桥面和轮胎间的滑动摩擦系数；

P——作用于桥面铺装上车辆的垂直荷载。

实际中，依据铺装层的材料和干湿状态，一般桥面与轮胎间的滑动摩擦系数的取值范围为 0.3~1.0。同时，现在的货运车辆有时会出现超载的现象，超载会导致 P 增大，进而水平力 T 增大，所以在实际分析时，有必要对桥面铺装层的超载影响进行研究。

通过 ANSYS Workbench 对箱梁模型进行静力分析，得到超载作用下箱梁的总变形图，见图 8-2。

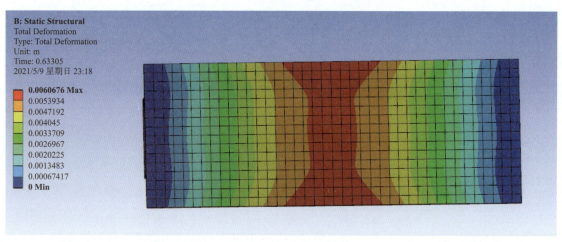

图 8-2 模拟超载作用下箱梁的总变形图

在车辆超载作用下，桥面沥青铺装层的上面层顶面的竖向位移和主应力都是最大的，见图 8-3、图 8-4。

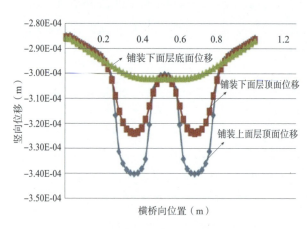

图 8-3 模拟超载作用下各铺装层竖向位移

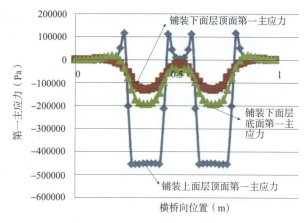

图 8-4 模拟超载作用下铺装层第一主应力

竖向位移随着铺装层厚度的增大而减小，见图 8-5。

桥面沥青铺装的应力和应变随水平力的增大而增大，这对桥面沥青铺装层顶面的影响最大，且这种影响随铺装层厚度从顶面到底面逐渐减小。桥面沥青铺装层的最大竖向位移、应力和应变都随着超载系数的增大呈线性的递增。

对于桥面沥青铺装在车辆动载作用下的变形情况，采用瞬态分析，标准后轴单轮轴载，滑动摩擦系数选用 $\varphi = 0.5$，得到桥面铺装变形，见图 8-6。

2. 车辆荷载位置对铺装层受力的影响

车辆通过桥梁时，车轮作用在桥面上的位置可以是任意的。因此，在考虑铺装层受力时有必要考察荷载位置变化对铺装层受力的影响，以便准确分析铺装层内应力的分布特性和变化规律。

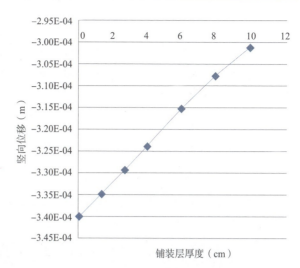

图 8-5 不同铺装层厚度下的竖向位移

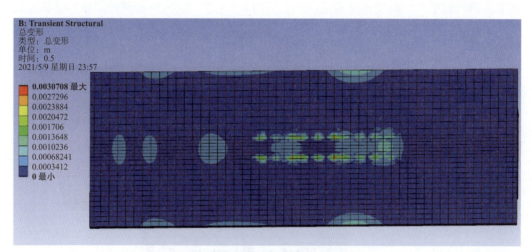

图 8-6 车辆动载作用下的桥面铺装变形瞬态分析

一般情况下，在轮载作用下，桥面铺装层的疲劳开裂破坏、车辙破坏和层间剪切破坏是桥面铺装常见的破坏类型。以铺装层内的最大拉应力、最大剪应力以及层间剪应力分别作为控制铺装层疲劳开裂破坏、车辙破坏、层间剪切破坏的设计指标，分析其分布特性和变化规律，可以了解铺装层破坏特点。一般在分析时，可先在桥梁1/2 跨处布置横向特征荷载位置，见图 8-7。

由此可得出荷载横向移动时对铺装层内力的影响规律，然后以适当的距离沿纵向分别布置纵向特征荷载，分析荷载纵向移动时铺装层内力的变化规律，以便在设计时有针对性地采取有效的防范措施。

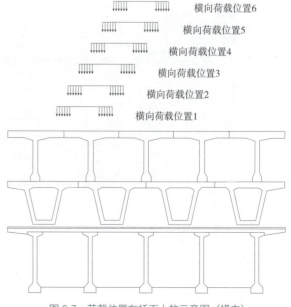

图 8-7 荷载位置在桥面上的示意图（横向）

二、温度荷载作用下桥面沥青铺装力学特性

桥面铺装作为一种特殊的桥面结构，不仅直接承受上部车辆、行人等所产生的荷载效应，而且也阻挡着水分、油分等有害物质的下渗，对整个行车道和桥体起保护作用。另外，由于桥体和上部铺装结构大面积地暴露在空气中，因此随着周围环境温度等自然条件的变化，桥体与上部铺装结构的内部将形成一定的温度场分布。同时，各部分也将因热学效应而产生一定的变形，当变形无法自由发展，被边界所约束的时候，将在整体结构内产生相应的温度应力。沥青混合料、黏层油等铺装材料本身的温度敏感性就相对较高，加上各种材料之间热传导性能的差异，将对结构内大温度梯度的产生有一定的促进作用。同时，沥青铺装层材料的抗拉性能较差，在温度应力的作用下易产生温缩裂缝等病害。

利用 ANSYS Workbench 对整体箱梁模型进行热分析，可采用稳态分析和瞬态分析。

稳态分析时，由于夏季气温高，沥青铺装经过长时间太阳辐射，表面温度可高达 60℃，因此对箱梁表面施加相同温度可以得到箱梁的温度场，见图 8-8，进一步可以得到箱梁模型在该温度场下的膨胀变形，见图 8-9。

图 8-8　箱梁模型稳态温度场

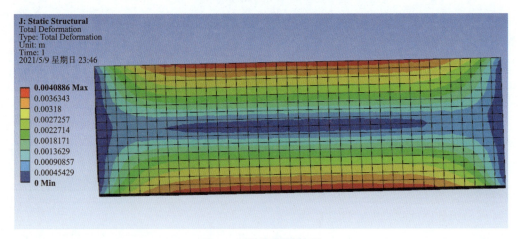

图 8-9　箱梁模型膨胀变形

瞬态分析时，进一步模拟全天温度的变化以方便有限元进行运算，模型整体外表面温度设置为 60℃，经过 150s 降温至 22℃，再升温至 60℃，可以得出此时箱梁模型的温度场，见图 8-10。

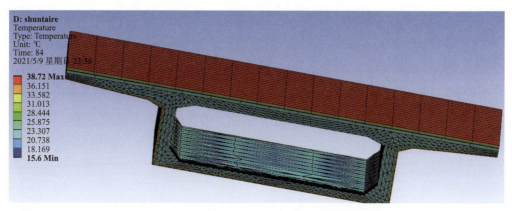

图 8-10　箱梁模型瞬态温度场

总体来看，在夏季高温条件下，太阳的辐射效率较高，桥面接收太阳辐射及气温热对流的部位主要集中在铺装层表面，因此一般会沿深度方向形成单向的温度梯度。而桥面四周都在接收不同程度的太阳热辐射，并与环境热量进行热对流交换，因此在结构内部会出现复合式温度梯度，与桥面差异明显。在冬季低温条件下，由于太阳辐射效率较低，大地成为一个热源，很大一部分大气热量来源于大地吸收太阳辐射热量后的放热。因此在冬天，热对流交换在改变结构物温度方面发挥的作用更大。此时桥面铺装层将会出现类似的复合式温度梯度，但是仍与桥面结构温度梯度有所差别，因为桥面结构自身的热传导效率要远高于桥面铺装层。

铺装层温度相较于环境温度的变化呈现出不同程度的滞后性。同一时刻下，桥面铺装层同一深度不同部位的温度与铺装层表面各部位间的温度差异随铺装层厚度的增加呈上升趋势。这个规律在高温季节与低温季节基本保持一致，但是在温度的差值上，高温季节要明显大于低温季节。

桥面铺装层温度应力同样与环境温度的变化有十分紧密的联系，环境温度变化趋势的改变往往伴随着铺装层内温度应力类型与大小的改变。总体来说，冬季低温条件下温度应力的峰值要远高于夏季高温季节，而在铺装厚度上，不论是应力的峰值还是变化的幅度，都是在铺装层表面出现最大值，因此尤其应该注意防范铺装层表面发生的温缩裂缝及疲劳损伤等病害，见图 8-11。

图 8-11　冬季应防范铺装层表面发生温缩裂缝及疲劳损伤等病害

三、长大纵坡桥面沥青铺装受力分析

目前，专门针对长大纵坡桥面铺装病害，尤其是对考虑铺装层材料黏弹性特性以及层间不同接触状态的病害研究较少。长大纵坡桥面铺装层受力复杂，纵坡段行驶的车辆反复加、减速，给桥面铺装层表层施加了很大的水平力，再加上层间黏结不良、高温以及超载等因素的综合作用，导致桥面产生严重的车辙、波浪拥包以及变形破坏等病害。

因此，应从长大纵坡桥面铺装病害机理入手，研究铺装层受力，提出相应的病害控制指标，从根本上预防长大纵坡桥面铺装病害并延长桥梁使用寿命。

在长大纵坡桥面铺装病害调查中，发现在纵坡段桥面出现车辙、波浪拥包破坏的现象比较多，主要有以下两点原因：

（1）在上坡路段车辆的行驶速度缓慢，轮胎与桥面沥青铺装的作用时间相对变长（由于沥青混合料具有"时温等效"的特性，相当于提高了桥面沥青铺装的瞬时温度），进而加重了沥青混合料的塑性变形。

（2）行驶在纵坡段桥面的车辆对桥面施加垂直力和行车水平力，在下坡路段桥面受到的垂直力由车辆自身重力产生，而水平力则由车辆惯性力、制动时产生的作用力、车辆自身重力产生的水平分力组合而成，因此在下坡路段桥面受到的水平分力比一般桥面要大得多。桥面存在的这两种作用力会产生剪应力，而且这种综合作用越大，面层产生的剪应力也就越大。

某桥梁长大纵坡桥面沥青铺装见图8-12。

图8-12　某桥梁长大纵坡桥面沥青铺装

第九章
桥面沥青铺装病害的力学机理分析

导致桥面沥青铺装病害的因素如下：

（1）桥面板的弹性模量与沥青铺装层弹性模量的比值越大，铺装体系内部的荷载应力就越大，因荷载作用产生的负弯矩或拉应力越大，桥面沥青铺装层受到拉力作用越大，桥面沥青铺装层越容易产生病害。

（2）由于沥青材料对温度具有敏感性，夏季高温时沥青软化，沥青混合料劲度和结构强度下降，易发生车辙病害。

（3）冬季低温时，当沥青混合料内部产生的温度应力值超过材料的抗拉强度时，就会发生脆性破坏，如低温缩裂、反射裂缝等，见图9-1。

桥面沥青铺装病害的原因十分复杂，材料选择、设计、施工和环境因素都是诱因，但最为直

图9-1　冬季桥面出现低温缩裂

接的原因就是铺装层力学强度不足，导致在荷载和环境因素作用下铺装结构体系内应力超过了材料设计所容许的强度范围，引发结构性破坏，从而严重影响了桥面铺装使用寿命和使用性能。

因此，只有从力学角度分析桥面沥青铺装病害的发生机理，才能深层次地挖掘桥面沥青铺装病害发生的内因，从而"对症下药"，在工程实践中寻求减少或防止桥面沥青铺装出现疲劳裂缝的方法。

第一节　桥面防水黏结层破坏的力学机理

一、防水黏结层的作用

桥面防水黏结层剪切破坏是桥面铺装主要的破坏类型，也是桥面铺装特有的一种破坏类型。

在桥面铺装体系中，沥青混合料铺装层与水泥混凝土桥面板之间要加铺防水黏结层，防止桥面漏水而腐蚀主梁，并保证铺装层与桥面板组成一个整体共同受力。黏层油和同步碎石封层都是常见的桥面防水黏结层，其施工见图9-2和图9-3。

铺装层与桥面板间的黏结作用对保证整个桥面铺装体系的复合作用以及在交通荷载作用下铺装层与桥面板的协调变形至关重要。在荷载作用下，铺装层与桥面板的复合作用不仅降低了沥青混合料铺装层内部的应力，也降低了桥面板内部的应力，因此这种复合作用对整个铺装体系各部件的受力均是有利的。

图 9-2 黏层油施工

图 9-3 同步碎石封层施工

二、防水黏结层的破坏机理

当防水黏结层的黏结力不足或者黏结失效时，黏结层层间抗剪强度将大大降低，以致难以抵消层间剪应力，从而在水平力的作用下产生层间滑移，形成滑移裂缝甚至波浪拥包，见图 9-4。

铺装层与桥面板之间黏结力丧失，产生剪切破坏时，铺装面层仍能保持整体性，并不会发生严重破坏。但目前对层间剪切破坏的修复方法是将防水黏结层破坏区域的沥青混合料铺装层（无论破坏与否）全部铲去，重新铺防水黏结层和沥青混合料铺装层，这样大大增加了工程费用，且

图 9-4 桥面层间黏结力丧失后铺装层产生波浪拥包

修复时会妨碍交通正常运行，因此必须严格控制防水黏结层的剪切破坏。

一般情况下，以防水黏结层剪切破坏作为桥面铺装的设计标准时，将桥面铺装层与桥面板层间的最大剪应力作为设计指标，设计中控制层间的最大剪应力不超过防水黏结层材料相应的容许抗剪强度，即

$$\tau_{max} = [\tau]_R$$

式中：τ_{max}——理论计算得到的桥面铺装层与桥面板层间的最大剪应力；

$[\tau]_R$——防水黏结层材料的容许抗剪强度。

第二节 表面变形与破损的力学机理

一、表面变形的力学机理

从力学角度讲，桥面铺装层表面变形（车辙和波浪拥包）病害发生的根本原因是铺装层内或铺装层与桥面板层间的剪应力过大，超过了铺装材料的容许抗剪强度。

研究表明，车辙的发生与沥青混合料内部的剪应力有着密切的关系。当铺装层太薄、铺装结构层间黏结失效或轴载过重时，铺装层内部在荷载和环境因素作用下将产生很大的剪应力，引起沥青混合料剪切破坏，并在高温和轮载作用下使混合料内部材料流动，塑性变形积累，进而形成车辙。当车辆启动或紧急制动时，还会因铺装材料流动形成波浪拥包。

目前，高速公路交通特点发生了巨大变化，多轴次、重轴载、高轮压在交通组成中的比重越来越大，而且普遍存在超载现象。在轮载作用下，非均布荷载将在路面面层内产生较大的剪应力，而沥青混合料在设计过程中并未考虑其抗剪能力，这是路面出现车辙的根本原因所在。同样，在车辆荷载作用下，桥面板与沥青铺装层层间将产生剪应力，尤其是铺装层较薄时或车辆制动时，这种剪应力会更加明显。所以，车辙可以看作剪应力作用下沥青混合料塑性流动的结果。

二、表面破损的力学机理

一般来讲，表面破损（坑槽或补坑）病害的发生与铺装层材料的性质、沥青混合料级配设计以及环境因素都有着密切的关系。当沥青与集料间的黏聚力不足或级配设计不合理时，铺装层沥青混合料的抗剪强度将不足。当这种不足表现在铺装层表面时，沥青和集料就会在车轮荷载下剥离，并在车轮的真空吸力下逐渐被带走而形成坑槽（桥面铺装表面坑槽见图9-5）。因此，必须合理地选材和设计级配，保证铺装层沥青混合料内的剪应力不超过其抗剪强度，从而预防表面破损病害的发生。

图 9-5　桥面铺装表面坑槽

第三节　裂缝病害的分类和力学机理

裂缝是桥面铺装层的典型病害，实际上，桥面铺装层由于受力破坏而出现的坑槽、集料松散等病害都是由裂缝引起的。

桥面铺装层开裂早期主要表现为桥面上的一些细小的横向和纵向裂缝，随着裂缝的扩展，逐渐形成网状裂缝。

裂缝产生的原因是非常复杂的，但从力学角度分析，其根本原因是铺装层在车辆荷载和环境因素作用下产生的最大拉应力超过了沥青混合料的抗拉强度。

各种形式的横向、纵向裂缝以及不规则的网状裂缝一般都是从铺装层的下层开始产生并逐渐向上扩展形成的，特别是在超载和桥头、伸缩缝处跳车引起的动载作用下，弯拉应力超过桥面铺装层的弯拉应力，从而产生裂缝。

一、裂缝病害的分类

裂缝按照开裂的原因一般可以分为拉应力作用下的疲劳开裂、剪切滑移导致的开裂和铺装层材料特性引起的开裂。

1. 拉应力作用下的疲劳开裂

拉应力作用下的疲劳开裂（图9-6）是桥面沥青混合料铺装层最常见的病害。当出现疲劳裂缝后，降雨会通过裂缝渗入并滞留在铺装层内部及铺装层与调平层界面间，在车辆荷载的作用下，滞留在该处的水会持续冲刷桥面材料，导致路面出现进一步的损害，甚至出现网状裂纹、龟裂等更为严重的病害。

疲劳裂缝一般产生于铺装层的上面层，裂缝细小且密集，呈龟裂形式。受横隔板或肋板的作用，桥梁往往会出现负弯矩区，使得铺装层沥青混合料上面层受拉、下面层受压，从而在铺装层

图9-6 桥面铺装开裂

底部产生细微裂缝，随着轴载累积，裂缝逐渐向上扩展形成横向裂缝。如果处理不及时，将逐渐扩展形成不规则网状裂缝。

正交异性面板是应用比较普遍的一种桥面类型。应力集中作用将导致纵肋和横隔板处产生比较大的拉应力，在车辆荷载的不断作用下，容易产生疲劳裂缝，继而产生纵向、横向裂缝。一般来说，在纵向加劲肋的顶部容易产生纵向裂缝，在横隔板的顶部容易产生横向裂缝，在横纵肋的交叉处容易产生网状裂缝。当材料的黏结层发生破坏时，在纵向加劲肋处还容易产生斜裂缝。

2. 剪切滑移导致的开裂

剪切滑移导致的开裂主要分为两类：第一类是钢桥面板和铺装层之间的剪切滑移；第二类是铺装层之间的剪切滑移。钢桥面板和铺装层之间的剪切滑移和铺装层之间的剪切滑移都是桥面铺装层发生疲劳开裂后，雨水从裂缝进入，破坏防水黏结层，使铺装层剪切滑移，继而导致铺装层开裂，这种开裂是先滑移后开裂。

由剪切滑移引起的桥面铺装层结构性裂缝是较难修补的，即使修补好了，应力集中区仍然存在，在车辆荷载的反复作用下，原来发生开裂的区域仍然会发生二次开裂。另外，由于存在结构缺陷、施工技术方面的问题，桥面铺装层也有可能产生非结构性裂缝，这种裂缝要比结构性裂缝较容易修补，但是要尽量减少这种裂缝的产生。

3. 铺装层材料特性引起的开裂

铺装层材料特性引起的开裂主要是低温收缩裂缝，温度降低时，铺装层材料收缩产生裂缝。另外，在低温条件下，铺装层材料变硬，受到的应力较大，同样也容易引起开裂。

不可片面强调桥面铺装层材料某一方面的性能而削弱其他与其相对的性能。如果只是过分强调铺装层高温稳定性，就会削弱其低温抗裂性能，导致出现大量的低温收缩裂缝。所以，铺装层材料设计是一个均衡的过程，要抓住铺装层最常见的破坏类型这一主要矛盾，以结构分析数据为标

准，使设计的铺装层在厚度、材料组成方面能够更好地适应桥面板协调变形，从而延长铺装层的使用寿命。

桥面铺装层材料的研究与开发需要有明确的性能指标。通过桥面铺装结构的力学分析及模型试验研究，建立与桥面铺装路用性能直接相关的桥面铺装层材料的性能指标，如沥青、沥青混合料及防水黏结层材料的相关性能指标要求，从而为桥面铺装层材料的设计提供设计目标，同时通过对各种类型桥梁的桥面铺装分析，确定不同类型桥梁桥面铺装层材料性能指标要求。从目前情况来看，大多数桥面铺装结构层的厚度和级配组成没有经过特别设计，基本上与相邻普通路面一样。多数桥面铺装层的厚度明显偏小，基本上在5～8cm左右。实际上，由于存在桥面系加劲部件，刚-柔铺装层体系的受力状态更加复杂，使用条件比一般路面更为苛刻。

二、产生裂缝病害的力学机理

桥面铺装是一个受力复杂的动力体系，它直接承受车辆荷载的冲击，部分或全部参与主梁结构的变形。以经验为主的铺装层结构设计，套用一般沥青路面结构的上、中层结构设计，而对于下层，大多更重视其抗拉强度设计，故导致上面层承受较大拉应力且拉应力更易超过沥青混合料的抗拉强度，引发铺装层表面开裂。另外，沥青混合料上面层直接暴露在空气中，随着铺装层使用年限的增长而逐渐老化，导致上面层的抗拉强度降低，在较低的荷载拉应力下便产生细微裂缝且逐渐积累，形成疲劳开裂。

公路桥梁形式各异，各种形式的主梁及铺装本身的构造均会影响其应力的分布。一般来讲，在车辆荷载作用下，桥面铺装层易在表面产生裂缝，然后逐渐向底面发展。由于纵向肋、横隔梁等刚性较大的部位与桥面板连接处的铺装层表面会形成拉应力（拉应变）集中区，因此桥面铺装的开裂易出现在铺装层表面，纵向腹板、大多数主横梁的桥面铺装层表面会出现裂缝。而纵向腹板与主横梁十字交叉部位的铺装层表面会首先出现裂缝，并出现网状裂缝，这是因为此部位是桥面板刚度最大的位置。

我国目前广泛应用的水泥混凝土大跨径箱梁结构中，桥面板与纵向、横向隔板加劲肋共同组成的受力结构，在车辆荷载作用下局部受力变形非常复杂。加之沥青混合料通常表现为黏弹性材料，其模量与桥面板模量相差两个数量级；铺装层与桥面板的接触状态也极为复杂，是分析层间黏结情况的关键因素；同时桥面铺装日温差也较大，需进行铺装材料在温度应力作用下的力学分析；并应进行大跨径桥梁结构整体变形及桥面板的局部变形对桥面铺装的作用，以及轮载对桥面铺装的局部作用分析。

对于连续梁桥、拱桥及悬臂梁桥等桥型结构，受荷载作用，主梁上部将产生负弯矩或拉应力，从而使桥面铺装层受到拉应力的作用而产生负弯矩区裂缝，造成桥面铺装的损坏。此外，随着材料科学的发展、桥梁承重结构的改进，桥梁主梁能以较柔的结构达到受力的要求，高等级公路大跨径桥梁横向越来越宽，在设计计算中侧重于主梁纵向的计算分析，对桥梁横向刚度重视不足，横向构造措施不利也使桥面铺装分担了过多的次内力。

目前，桥梁的结构理论中对桥面铺装层的计算分析理论较少，主要集中在经验分析上，并辅以试验论证。现行规范中只给定了桥面铺装厚度的推荐值，至今仍在各等级的公路中运用，现行桥面铺装与交通量现状如重型、超重型汽车的增多和车速的增快已不相适应。加之我国幅员辽阔，各地区之间气候地理条件差异较大，这也决定了在设计桥面铺装时，不可以完全照搬其他工程经验。在借鉴的同时，有必要结合具体情况对桥面铺装体系进行力学性能分析，明确其受力特性，以便为桥面铺装设计提供相应理论依据。

当然，桥面铺装问题的解决最终还是要靠桥面铺装材料（包括铺装层主体、桥面防水黏结层等材料）的研究开发。根据桥面铺装对材料的性能指标要求，开发设计出性能优良、施工方便、经济实用的桥面铺装材料，这也是提高桥面铺装质量的根本途径。

第四篇

桥面沥青铺装病害特征及成因

DISEASE PREVENTION AND MAINTENANCE TECHNOLOGY
OF ASPHALT PAVING ON CEMENT CONCRETE BRIDGE DECK

第十章
桥面沥青铺装病害特征

近年来,我国大规模修建高速公路,其中包括大量桥梁,建设各方对桥梁结构的设计和桥梁主体工程(桩基、墩柱、梁板、桥面护栏等)的施工都十分重视,但有些建设项目对桥面水泥混凝土调平层及沥青混合料桥面铺装重视不够,导致部分桥面铺装在运营初期大量损坏,不仅严重影响桥面行车舒适性和桥梁的正常使用,还造成了较大的经济损失和不良的社会影响。

从设计角度分析,有些建设项目中,桥梁工程与桥面铺装工程的设计任务一般分属不同的院所,二者之间缺乏有效的配合。加之有些设计单位对施工环节了解不够,对桥面铺装缺乏设计施工一体化理念,使得铺装病害较多。

从施工管理角度分析,引起桥面铺装破坏的主要原因有:桥面铺装结构及材料的原因,如铺装厚度不当、材料性能不良、层间黏结性能差、铺装结构渗水等;施工控制的原因,如界面处治不良、施工各环节控制不当等。

第一节 桥面沥青铺装病害的位置特征

受车辆荷载作用和气候条件的影响,在运营期产生的桥面沥青铺装病害位置呈现出以下八个特征。

一、大货车车道处病害集中

大货车车道的病害明显多于小客车车道,见图10-1。

二、伸缩缝位置处病害集中

桥面铺装层的渗水汇集到伸缩缝位置,造成该位置长期受水浸泡,极易产生坑槽病害。

另外,桥梁伸缩缝的不平整,造成汽车轮胎对沥青铺装层的冲击,也会产生坑槽病害。伸缩缝位置出现病害的概率大于其他位置,见图10-2。

图10-1 大货车车道的病害明显多于小客车车道

三、轮迹带位置处病害集中

渠化交通的轮迹带位置容易出现集料脱落、坑槽和车辙病害,见图10-3～图10-5。

图 10-2　伸缩缝位置出现病害的概率大于其他位置

图 10-3　渠化交通的轮迹带位置处的坑槽病害

图 10-4　渠化交通的轮迹带位置容易出现集料脱落、车辙病害

图 10-5　渠化交通轮迹带处的车辙病害，雨天易积水

四、长大纵坡沥青铺装层病害集中

重载汽车下坡时，通过向轮毂持续洒水增强制动性能，导致沥青铺装层始终处于潮湿状态。在车辆荷载的反复作用下，沥青面层发生集料松散破坏。

山区高速公路的长大纵坡桥面，受车辆制动力作用，薄层罩面或微表处集料容易脱落，见图10-6。

五、低洼处桥面铺装积水

处于超高缓和段"零坡度"或竖曲线最低点位置处的桥面易常年积水，若水泥混凝土调平层平整度差或桥面封水不好，雨天时雨水下渗，导致沥青铺装层抵抗水损坏的能力下降。受平纵曲线的综合影响，桥面处于超高缓和段的"零坡度"位置，雨水无法排出，常年先渗水，再积水，又泛水，见图10-7。

图10-6　长大纵坡桥面薄层罩面或微表处集料脱落

图10-7　混合料不密实，桥面渗水泛白

六、小半径匝道桥面铺装层病害集中

在桥梁运营养护巡查与病害调查中发现，位于小半径匝道的桥面沥青铺装层，极容易产生车辙、波浪拥包病害，见图10-8和图10-9。

图10-8　小半径匝道桥面铺装层的车辙病害

图10-9　小半径匝道桥面铺装层的波浪拥包

七、爬坡段桥面病害集中

在山区高速公路中，路线纵坡较大。为了考虑重载车辆低速行驶的实际情况，在项目建设中，人性化地设计了爬坡车道，这样既照顾了货运车辆的行车需求，又确保了其他车辆的行车安全。但受渠化交通的长期作用，桥面爬坡段容易产生波浪拥包、车辙病害，见图10-10。

图10-10　爬坡车道的桥面铺装容易产生波浪拥包、车辙病害

八、坑槽病害修补处病害集中

桥面沥青铺装层坑槽形成的原因复杂，必须精准判断，查明病因，进而精准施策。如果病害原因不清，病害处治的修复工艺不到位、质量差，则会在同一位置反复产生病害，见图10-11。

a) 多次修补仍出现坑槽

b) 多次修补的坑槽

图 10-11 坑槽病害修补后仍产生病害

第二节　桥面沥青铺装病害产生的季节特征

桥面沥青铺装病害的产生具有季节性特征，如在春融季节、夏季和冬季易产生病害。

一、春融季节多产生唧浆、坑槽病害

损坏初期一般都表现为小块的网状裂缝、唧浆，然后集料松散形成坑槽。下雨天，桥面网状裂缝病害发展成坑槽病害，见图10-12、图10-13。

图 10-12 桥面网状裂缝病害遇水后发展成坑槽病害

图 10-13 坑槽雨天积水，影响行车安全

水损坏类病害一般发生在透水较严重且排水不畅的部位，如沥青混合料离析、不均匀等处。

二、夏季多产生车辙病害

沥青用量偏大是桥面出现车辙的重要原因之一。对于夏季气温较高的地区，沥青混合料变形后，

容易产生车辙病害，见图10-14。

项目建设期，可以通过改善沥青性能提高沥青路面的抗车辙性能，尽量采用稠度和黏度较高、高温性能好的沥青，如 SBS 改性沥青或高黏度沥青。

三、冬季多产生裂缝类病害

在严寒地区，受低温影响，沥青混合料的沥青材料变脆，导致桥面铺装产生裂缝。

另外，在冬季桥面除雪过程中，设备容易对桥面产生破坏，从而使桥面铺装产生裂缝，见图10-15。

图10-14 沥青铺装夏季易产生车辙病害

图10-15 除雪设备容易对桥面产生破坏

第十一章
桥面沥青铺装病害产生的主要原因及其划分

第一节　桥面沥青铺装病害产生的主要原因

水泥混凝土桥面沥青铺装产生病害的原因，在项目建设阶段基本有以下五大类。

一、预制梁板破损

建设期预制梁板顶板厚度不足或梁板强度不足，在运营期破损后，引起调平层和沥青铺装的承载基础发生变化，产生桥面铺装病害，见图11-1、图11-2。

图11-1　某桥梁运营期梁板破损产生空洞

图11-2　某桥梁运营期梁板断裂

作为导致沥青铺装产生空洞病害的元凶，梁板破损最为严重，修复难度也最大。

二、湿接缝破损

建设期湿接缝施工时混凝土未振捣或振捣不密实等，产生空洞、露筋，在运营期破损后，引起调平层和沥青铺装的承载基础发生变化，产生桥面铺装病害，见图11-3。

三、水泥混凝土调平层破损

建设期由于水泥混凝土调平层厚度不足、强度不足等产生裂缝，在运营期破损后，引起沥青铺装的承载基础发生变化，产生桥面铺装病害。

以某高速公路为例，桥面沥青铺装层铣刨后发现，其下层的水泥混凝土调平层出现开裂、松散，见图11-4。

图 11-3　施工期间湿接缝混凝土未振捣，产生空洞、露筋

图 11-4　水泥混凝土调平层开裂、松散

水泥混凝土调平层破损导致沥青铺装出现坑槽、唧浆现象，见图 11-5。

a)

b)

图 11-5　水泥混凝土调平层破损导致沥青铺装产生坑槽、唧浆

四、沥青铺装自身质量缺陷

建设期由于沥青铺装自身存在施工质量缺陷，在运营期产生了坑槽、车辙、波浪拥包、集料松散等病害。如同步碎石封层施工时灰尘大，则调平层与沥青铺装层之间容易产生"隔离层"。

通过对桥面铺装病害的现场观察、测试、钻孔取芯和室内矿料筛分试验分析得出，桥面沥青铺装自身质量缺陷产生的主要原因如下：

1. 材料因素

（1）集料针片状颗粒含量大，在重交通荷载作用下集料二次断折，新的断口处没有黏结材料的包裹，使混合料强度降低，加剧了网状裂缝的产生。

（2）矿料级配不合理，造成沥青混合料的空隙率较大，矿料颗粒组成不均匀使得局部空隙率更大，局部水损坏严重。

（3）铺装层混合料泛油，车轮碾压推挤后，两侧向上鼓起，轮迹带下陷，出现车辙病害。

2. 施工因素

（1）调平层未全面凿毛，表面有浮浆，在沥青铺装层与调平层之间形成"隔离层"。

（2）调平层与沥青铺装层的结合面没有清理干净，有粉尘。

（3）黏层油洒布数量不够或黏结强度不足，使沥青铺装层与调平层不能成为一个连续的整体，在行车荷载作用下，沥青铺装层产生剪切变形。

（4）沥青铺装层厚度不均匀，整体或局部厚度不够，结构强度不足以承受重荷载车轮的反复作用。

（5）施工时桥面沥青铺装层压实度不足，实际空隙率较大，水容易渗入。行车时产生的动水压力逐渐使沥青剥落，并使沥青混合料强度逐渐减弱，早期松散，最终导致严重的坑槽。

（6）水特别是除冰盐水渗入水泥混凝土调平层，造成调平层腐蚀破坏，混凝土松散、脱落，导致沥青面层逐渐产生变形、网状裂缝和坑槽。

3. 排水因素

桥面设置的泄水孔只能排出桥面表层水，渗入沥青铺装结构内部的水，只能滞留在其中或其下的交界面上，不能及时排出。行车作用下的动力水直接冲刷桥面沥青铺装，加上冬季频繁的冻融循环作用，使桥面沥青铺装破坏。

4. 超载因素

重型超载车辆对桥面产生的剪切力随着单轴荷载的加大而成倍增加。大、中桥在超载车辆的冲击作用下，受力和变形都会很大。当桥面铺装各层间黏结力和抗剪能力不能满足受力要求时，桥面铺装各层就会分离，从而加速桥面的破坏。

五、设计原因

设计原因造成桥面沥青铺装产生早期病害，具体体现在以下方面：

（1）桥面沥青铺装厚度的确定带有随意性，没有将铺装结构、材料的物理力学性能纳入一个严谨的设计体系中。

（2）设计时不注重防水。不注重防水层材料和厚度与铺装层的匹配性，使铺装黏结不良或不能防水。

（3）对特殊桥梁和桥梁的特殊部位无特殊技术措施。

（4）精准设计不到位。若在设计阶段没有做到精准设计，会使桥面铺装的工序转换与衔接处产生病害，从而给桥面铺装带来隐患。如梁板顶面水泥浮浆应要求凿毛，梁板顶面应设计预埋连接筋，调平层顶面水泥浮浆应要求凿毛。但有些设计文件中对此没有明确要求或没计量相关费用，导致在施工阶段施工单位不愿为此投入经费。

（5）结构设计安全冗余不足，设计厚度较小，不足以抵抗车辆荷载作用。

早期我国部分公路水泥混凝土桥面沥青铺装出于简捷、省事的目的，采用单层式铺装结构，通车不久就造成路面剪切推移。

有些项目特别是工程造价相对较低的项目，为压缩投资，减小铺装层厚度，将桥面设计为单层式沥青铺装，通车不到两年就发生唧浆、坑槽、推移等病害，见图11-6～图11-8。

单层结构受下承层平整度影响，实际厚度存在波动性。因此，其压实度不均匀、结构受力不均匀，容易产生渗水等，最终导致雨雪水浸入沥青结构层内部，汇集在调平层表面，久而久之形成病害。项目投入使用后，车辆荷载逐年增加，单层式沥青铺装结构的抗剪切能力明显不足，造成桥面铺装推移。桥面沥青铺装推移见图11-9。

另外，在自然条件特别是紫外线作用下，单层式铺装结构沥青材料的抗老化、抗水损坏能力也明显不足。

图11-6 受水损害作用，调平层水泥浆冒出沥青铺装的表层

图11-7 单层结构抗剪能力较低，产生裂缝

图11-8 单层式沥青铺装病害

图11-9 桥面沥青铺装推移

（6）结构设计与材料设计脱节。桥面沥青铺装设计的核心是材料与结构一体化设计。对一些项目的桥面病害调查后发现，部分桥面铺装结构设计与材料设计脱节，这也是桥面产生早期病害的原因之一。

（7）桥面铺装作为直接承受汽车荷载等可变作用的接触面，随着交通量的增长，重型、超重型汽车的增多或车速增快，现行桥面铺装设计技术已不适应交通发展要求。

（8）桥梁结构理论中缺乏对桥面铺装的计算分析论述，相关规范只给定了桥面铺装厚度的推荐值。近年来，随着交通量及重型车辆的日益增加，过薄的桥面铺装层已不适应发展的需要，尤其是伸缩缝及桥头附近的桥面铺装层受到荷载冲击较大，这些地方更需要进行特殊设计，必要时还需要配加强钢筋。

第二节 桥面沥青铺装病害产生原因划分

根据运营养护工程管理经验，桥面沥青铺装病害根据产生的原因，可以进行如下划分。

一、依据病害产生的层位划分

桥面沥青铺装病害依据产生的层位划分为上层沥青铺装病害、中层调平层病害、下层梁板病害。

（1）上层沥青铺装病害，如车辙、波浪拥包、裂缝、渗水、唧浆、坑槽等。

（2）中层调平层病害，如开裂、破损等。

（3）下层梁板病害，如桥梁顶板开裂、顶板破损造成空洞等。

二、依据病害产生的时序划分

桥面沥青铺装病害依据产生的时序划分为建设质量隐患产生的病害和运营管理产生的病害。

三、依据病害产生的危害程度划分

桥面沥青铺装病害依据产生的危害程度划分为一般病害和严重病害。

1. 一般病害

一般病害是指减弱使用功能，但不影响行车安全的病害，如表层磨光、渗水、轻微车辙、纵向裂缝与横向裂缝等。

2. 严重病害

严重病害是指不仅减弱使用功能，而且严重影响行车安全的病害。具体为：

（1）上层沥青铺装的网状裂缝（很快发展成坑槽或沥青块脱落，产生飞石）、坑槽、严重车辙等。

（2）中层调平层开裂、破损等。

（3）下层梁板顶板开裂、顶板破损造成空洞等。

四、依据病害修复的造价与难易程度划分

桥面沥青铺装病害依据修复的造价与难易程度划分为小型病害、中型病害、大型病害。

（1）小型病害：修复的造价相对较低，较容易维修，如裂缝修复、点状坑槽修补等。

（2）中型病害：修复的造价相对较高，周期较长，较难维修，如集中连片坑槽铣刨修复、车辙整治等。

（3）大型病害：修复的造价很高，周期很长，工序繁多，不容易维修，如中层调平层病害、下层梁板病害整治等。

第十二章 梁板预制与安装存在的质量问题

在建设期，梁板预制与安装存在的质量问题，导致运营期梁板产生空洞，进而造成水泥混凝土调平层和沥青铺装坑槽病害的产生。

第一节 梁板预制存在的质量问题

预制梁常见的质量问题包括端头湿接头、伸缩缝位置严重错位，箱梁顶板张拉槽口部位混凝土松脱，箱梁顶板产生裂缝，箱梁顶板实际厚度不足，梁板顶面未设置连接筋，现浇梁板顶面水泥浮浆未凿毛，如图12-1所示。在运营期，这些问题都会导致桥面沥青铺装产生病害。

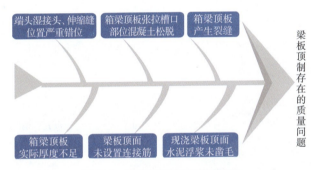

图12-1 梁板预制存在的质量问题

一、端头湿接头、伸缩缝位置严重错位

斜截面箱梁安装后，端头湿接头、伸缩缝位置严重错位，影响后续湿接头和伸缩缝施工质量，见图12-2、图12-3。

图12-2 端头湿接头、伸缩缝位置严重错位

图12-3 预制梁尺寸偏差严重，影响伸缩缝安装和结构耐久性

二、箱梁顶板张拉槽口部位混凝土松脱

箱梁顶板张拉槽口钢筋外露，产生裂缝、脱落，见图12-4、图12-5。若在此梁板上浇筑水泥混凝土调平层，运营期必定产生铺装病害。

图 12-4　箱梁顶板张拉槽口钢筋外露，产生裂缝

图 12-5　箱梁顶板张拉槽口处钢筋外露，混凝土脱落

三、箱梁顶板产生裂缝

1. 裂缝病害

箱梁顶板出现大量裂缝，见图 12-6，若在此梁板上浇筑水泥混凝土调平层，运营期雨水浸入后，梁板必定产生病害，进而导致沥青铺装产生病害。

2. 裂缝产生的主要原因

（1）在拌和水泥混凝土过程中，为了施工方便，片面追求混凝土和易性，造成坍落度较大。

（2）混凝土浇筑完成后，覆盖养护不及时，洒水保湿养护时间不够。

图 12-6　箱梁顶板出现大量裂缝

四、箱梁顶板实际厚度不足

箱梁顶板实际厚度远远小于设计厚度，严重影响使用性能，见图 12-7。箱梁顶板厚度不足产生破洞病害，进而导致沥青铺装产生病害，见图 12-8。

图 12-7　箱梁顶板实际厚度不足

图 12-8　箱梁顶板厚度不足产生破洞病害，进而导致沥青铺装产生病害

五、梁板顶面未设置连接筋

梁板顶面未设置连接筋,造成水泥混凝土调平层与梁板的连接成为"两张皮",见图12-9。这也是影响桥面铺装耐久性的重要因素之一。

六、现浇梁板顶面水泥浮浆未凿毛

现浇梁板顶面水泥浮浆处理过程中常见的问题主要有:

(1)现浇梁板顶面的浮浆未处理,见图12-10。
(2)梁板凿毛、刷毛效果差。
(3)表层的浮浆、泥、油污、松散混凝土没有清理干净。
(4)表面浮浆未凿毛或凿毛深度不够。

图12-9 梁板顶面未植筋,导致梁板与混凝土调平层"两张皮"

图12-10 梁板顶面浮浆未处理

第二节 梁板安装存在的质量问题

一、墩柱高程偏差超出允许范围

墩柱是梁板架设的基础,若其高程不合格,梁板将无法安装。某桥梁墩柱高程出现错误,只能报废,见图12-11。

二、支座垫石高程失控

对桥梁支座高程控制不严,造成支座垫石高程失控、支座早期变形。支座垫石高程的精准控制见图12-12。

图12-11 某桥梁墩柱高程出现错误,进行报废

三、相邻梁板高差超出允许范围，梁板表面积水

在梁板架设中，高程控制偏差较大，未满足设计要求，使得梁板表面不平整，产生积水，见图 12-13。造成调平层厚度不均匀，相差较大。

图 12-12　支座垫石高程的精准控制

图 12-13　梁板顶面不平整，产生积水

第十三章
湿接缝施工存在的质量问题

用于连接梁板的湿接缝存在质量问题,在运营期会产生松散、空洞,进而造成水泥混凝土调平层和沥青铺装坑槽病害的产生。

第一节 湿接缝施工的特点及存在的质量问题

一、施工特点

(1)准备工作复杂,费工、费力、费时。
(2)钢筋焊接空间狭小,操作难度大。
(3)混凝土体积小,浇筑难度大。
(4)工程体量小,一般不被重视。
湿接缝施工情况见图 13-1、图 13-2。

二、质量问题

1. 梁板新旧混凝土结合不紧密

湿接缝施工前,未凿毛梁板结合面混凝土,导致新旧混凝土结合不紧密。

2. 湿接缝施工质量控制不严格

湿接缝施工时,通常只有几十厘米的作业空间,施工难度往往较大,主要表现在以下方面:

(1)对于底模板来说,因存在顶部埋筋,施工人员只能借助泡沫板进行湿接缝施工,而且振捣时还应极为谨慎。

(2)湿接缝钢筋绑扎过程中,受纵向钢筋的影响,箍筋的端头并不能全部调直,造成整个操作的不协调,且施工效率也大大下降。

施工难度较大,导致湿接缝施工质量控制不严格。另外,作为小体积混凝土项目,湿接缝在混凝土的拌和、现场浇筑、振捣等方面往往被人们忽视,这也会导致湿接缝施工质量控制不严格。

图 13-1 桥梁湿接缝的钢筋绑扎

图 13-2 桥梁湿接缝的混凝土浇筑

3. 湿接缝混凝土漏浆、错台

湿接缝施工质量差，如出现漏浆、错台，导致质量问题和安全隐患，见图13-3。

4. 湿接缝混凝土养护不到位

湿接缝混凝土养护是其强度增长的关键。未养护或养护不到位，导致湿接缝强度与梁板强度不一致，容易形成质量薄弱地带，见图13-4。

图13-3 湿接缝混凝土漏浆、错台

图13-4 桥梁湿接缝混凝土养护不到位

第二节 湿接缝质量问题产生的后果

一、导致湿接缝混凝土自身破损、脱落

由于湿接缝振捣不密实，自身强度低，在荷载和振动作用下，湿接缝混凝土破损、脱落，产生空洞、漏筋，见图13-5。

二、导致水泥混凝土调平层厚度不均匀

湿接缝混凝土平整度差，造成在其上部浇筑的水泥混凝土调平层厚度不均匀，导致调平层受力不均匀，产生裂缝，进而导致沥青铺装产生病害。

图13-5 湿接缝施工期间混凝土未振捣，产生空洞、漏筋

三、导致水泥混凝土调平层破损

湿接缝混凝土振捣不密实，运营期必然造成混凝土松散，导致水泥混凝土调平层破损，进而导致沥青铺装产生病害。

四、湿接缝处出现横向、纵向裂缝

在桥梁梁板跨间横向湿接缝处出现横向裂缝，在梁板纵向湿接缝处出现纵向裂缝，沥青层开裂会引起雨水下渗，导致主梁和盖梁的混凝土腐蚀，严重危害桥梁的耐久性。

第十四章
水泥混凝土调平层施工和养护存在的质量问题

在建设期，水泥混凝土调平层存在质量问题，导致运营期调平层出现网状裂缝、破损，进而造成沥青铺装坑槽病害的发生。

据不完全统计，在桥面沥青铺装病害占比中，梁板破损病害占5%，调平层破损病害占40%，沥青铺装自身病害占50%，其他病害约占5%，见图14-1。

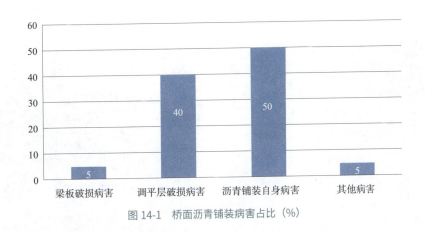

图14-1　桥面沥青铺装病害占比（%）

由此可见，水泥混凝土调平层质量问题很容易引发沥青铺装病害。

水泥混凝土调平层作为沥青铺装的下承层，如果其质量不合格，在车辆荷载反复作用下，其内部应力超过其承载力，就会引起桥面沥青铺装开裂破坏，最终形成唧浆、坑槽病害。

第一节　调平层施工存在的质量问题

一、混凝土组成材料含有杂质或泥块

原材料质量差或管理不严格，造成混凝土中含有杂质或泥块，将混凝土浇筑在调平层内部，在运营期调平层容易破损，进而产生沥青铺装病害。

调平层混凝土组成材料含有杂质和泥块，分别见图14-2、图14-3。

二、调平层标高带设置不规范

标高带的主要作用是控制调平层的高程，如果施工不规范，标高带线形不顺畅（图14-4）和横坡失控，会直接影响调平层的施工质量。

图 14-2　调平层混凝土组成材料含有杂质

图 14-3　调平层混凝土内残留的泥块

三、调平层施工工艺落后

调平层施工工艺落后，容易导致出现质量隐患，见图 14-5。

图 14-4　调平层的标高带线形不顺畅

图 14-5　调平层施工工艺落后

四、调平层混凝土厚度不足或不均匀

支座的高程控制不严（高于设计高程），或梁板的倾斜度过大，或桥面纵、横坡调整等，均可能造成梁板顶面高程高于设计值，导致调平层混凝土局部厚度不足或不均匀，其刚度、耐磨耗性能大大降低，进而引起桥面铺装的早期损坏。

五、调平层混凝土强度不合格

若调平层混凝土强度设计等级与梁板的混凝土强度等级相差较大，在车辆荷载的作用下，调平层易产生破坏。

在施工过程中，对调平层混凝土的施工质量重视不足，采用的原材料质量低劣、砂率过大、水灰比控制不严、砂石料的级配控制差、抗渗强度不足、混凝土拌合物和易性差以及施工过程中振捣不充分等，造成混凝土出现蜂窝、气孔过多等缺陷，导致其强度不合格、耐久性不足，降低了其抗裂、抗冲击、抗弯曲及耐磨的能力。

六、调平层混凝土表面不平整

调平层施工工艺不规范,产生纵向接缝,易使混凝土表面不平整(图14-6)产生积水且断面横坡度不一致,若在此调平层上铺筑沥青铺装层,就会产生早期病害。

七、调平层混凝土表面光滑

调平层混凝土表面整平时,盲目追求表面光滑、平整,施工人员甚至在抹光时往混凝土表面洒水,以致降低了混凝土强度。

若调平层浮浆太厚、太光滑,且不进行浮浆凿毛,则不利于与沥青铺装的层间黏结,见图14-7、图14-8。

图14-6 调平层不平整

图14-7 调平层浮浆太厚、太光滑,不利于层间黏结

图14-8 调平层浮浆太光滑,不利于层间黏结,必须对表面进行铣刨处理

第二节 调平层养护存在的质量问题

一、混凝土养护常见的问题

1. 对混凝土养护不重视

混凝土养护是调平层强度形成和不产生裂缝的根本保证。但是在施工过程中,部分施工及管理人员思想上不重视养护,认为混凝土浇筑才是大事,混凝土浇筑完成即大功告成,忽视混凝土养护。

2. 混凝土养护不规范

混凝土养护不规范,见图14-9。

图14-9 混凝土养护不规范

二、混凝土养护不到位导致的质量问题

1. 混凝土强度不足

混凝土表面缺少水分，导致其强度增长缓慢，甚至满足不了设计要求。

2. 混凝土表面或内部产生裂缝

养护不到位最直接的后果是，混凝土表面或内部出现大量裂缝，影响调平层的耐久性，这也是运营期沥青铺装破损的直接原因，见图14-10～图14-12。

图 14-10 调平层出现大量的网状裂缝

图 14-11 调平层裂缝

a)

b)

图 14-12 调平层产生裂缝后返工

第三节　调平层因施工和养护不当产生的裂缝及其危害

一、调平层裂缝产生的原因

存在大量裂缝的水泥混凝土调平层，无法在其上铺筑沥青铺装，必须彻底返工，重做调平层。调平层裂缝产生的原因见图14-13。

（1）调平层钢筋网片定位不准确。梁板顶面的预埋筋高度不一致、焊接位置不一致等，都会造成调平层钢筋网片定位不准确。

（2）调平层厚度不均匀。墩柱高程误差、

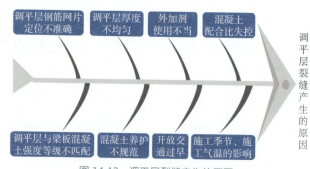

图 14-13 调平层裂缝产生的原因

梁板架设不规范、湿接缝施工误差等，都会造成调平层厚度不均匀。

（3）外加剂使用不当。

（4）混凝土配合比失控。

（5）调平层与梁板混凝土强度等级不匹配。为了追求调平层的强度，采取提高其混凝土强度等级的措施，造成调平层与梁板混凝土强度等级不匹配，产生了裂缝。

（6）混凝土养护不规范。养护不规范导致调平层表面失水，直接导致裂缝的产生。

（7）开放交通过早。在交叉施工中，重载车辆强行碾压正在养护的水泥混凝土调平层，导致其产生裂缝。

（8）施工季节、施工气温的影响等。

二、调平层裂缝的危害

建设期间水泥混凝土调平层产生的大量裂缝，如果不返工处理，后患无穷。

（1）运营期调平层在车辆荷载作用下，必然产生网状裂缝，由此反射到沥青铺装层，造成其产生网状裂缝，见图14-14。如果调平层混凝土的强度不均匀，还会产生唧浆、坑槽，直至大面积破损。

（2）雨水进入沥青铺装层后，下渗到调平层内部，再下渗到梁板顶面或梁板结构混凝土内部，影响桥梁结构安全。

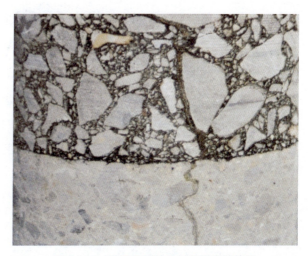

图14-14 调平层裂缝反射至沥青铺装层

第十五章
防水黏结层施工存在的质量问题

防水黏结层施工存在的质量问题，将会导致运营期沥青铺装渗水，并产生坑槽、波浪拥包病害。因此，在沥青铺装施工前，必须把防水黏结层做好做优。

第一节 施工准备中存在的质量问题

一、调平层外露钢筋未切割

调平层钢筋外露，形成"弹簧状"接触，必将导致沥青铺装产生坑槽，见图 15-1、图 15-2。

图 15-1 水泥混凝土调平层钢筋网片外露

图 15-2 水泥混凝土调平层钢筋网片定位不准确，铣刨后钢筋外露

二、水泥浮浆凿毛不彻底、不平整

水泥浮浆凿毛不彻底、不均匀、不平整，产生积水，见图 15-3。

凿毛设备选型不合理，或调平层平整度严重超出允许范围，造成调平层水泥浮浆未彻底凿毛，产生质量隐患，见图 15-4。

三、凿毛后废渣清扫不彻底

防水黏结层作为水泥混凝土调平层与沥青铺装层的过渡层，非常重要。如果不先清理混凝土表面浮浆就施作防水黏结层，会形成"两张皮"。有些施工现场，前面做防水，后面紧跟沥青铺装施

图 15-3 水泥浮浆凿毛不均匀，产生积水

工，防水层材料基本全部粘到施工车辆轮胎上，失去了防水的作用。

在调平层凿毛后，未对产生的残渣进行彻底清理，或未清扫、清洗干净，形成隔离层，导致同步碎石防水黏结层脱落，见图15-5。

图15-4　混凝土调平层不平整，凿毛后水泥浮浆未彻底消除

图15-5　浮浆未清理干净，同步碎石防水黏结层脱落

第二节　施工过程中存在的质量问题

以同步碎石封层为例说明防水黏结层施工过程中存在的质量问题。

一、调平层表面乳化沥青洒布质量差

在调平层表面洒布的乳化沥青材料质量差、洒布不均匀、破乳时间不足等，均容易造成同步碎石封层脱落。

二、碎石与沥青撒（洒）布量控制不严格

碎石与沥青撒（洒）布量控制不严格，见图15-6。

同步碎石封层的碎石堆积、重叠（图15-7），或未能被沥青裹覆，导致沥青混合料铺装层出现波浪拥包、坑槽。

图15-6　碎石撒布不均匀

图15-7　碎石堆积、重叠

三、碎石封层保护不到位

对于施工成型的同步碎石封层,在沥青铺装施工前及铺筑过程中,均应进行有效的保护,避免产生破损、沥青和碎石堆积,进而产生病害,见图 15-8、图 15-9。

图 15-8 成型的同步碎石封层遭到破坏

图 15-9 层间黏结不牢固,车辆制动造成封层脱落

第十六章
沥青铺装施工存在的质量问题

在建设期，沥青铺装施工存在的质量问题，如材料质量不合格、沥青混合料泛油、层间污染等，均会导致运营期沥青铺装渗水、坑槽、车辙、波浪拥包、裂缝等病害的产生。

建设期如果桥面铺装沥青混合料压实度不足、离析、渗水，则在运营期会产生病害。对于渗水，最初，由于水泥混凝土调平层结构比较致密，不能把水排出；之后，在车辆荷载作用下，沥青混合料的粗集料对水泥混凝土调平层造成损伤，并形成灰浆，灰浆从上下连通的孔隙或者裂缝中挤出，形成唧浆。久而久之，水在孔隙中承受汽车荷载的抽吸作用，特别是在雨季，沥青膜逐渐脱落，导致集料松散，最后在桥面沥青铺装层形成坑槽。

图 16-1　碎石材料不合格

第一节　施工现场存在的质量问题

一、沥青混合料组成材料存在的问题

沥青混合料组成材料存在的问题主要体现在粗细集料的单粒级配不合格、材料管理混乱、材料混堆混用、添加剂存放不规范。

原材料管理与施工乱象见图 16-1～图 16-4。

图 16-2　材料混堆混用

图 16-3　添加剂露天存放

图 16-4　细集料软弱颗粒含量较多

二、沥青混合料配合比控制偏差较大

沥青混合料本身具有一定的空隙率，若沥青混合料配合比控制偏差大，则易引起桥面雨水下渗，导致桥面坑槽等病害的产生。

三、施工现场控制不严格

（1）调平层水泥浮浆处理时控制不严格产生的小低坑，造成同步碎石封层积水，见图16-5，在运营期必将产生唧浆病害。

低温天气下沥青变脆，车辆碾压过后同步碎石封层上的碎石脱落，见图16-6。

图16-5 同步碎石封层积水

图16-6 低温天气下沥青变脆，车辆碾压过后同步碎石封层上的碎石脱落

（2）临时伸缩缝处治不平整，影响桥面伸缩缝处的平整度、压实度，以及伸缩缝的安装质量，见图16-7。

a)

b)

图16-7 临时伸缩缝处治不平整

（3）运输组织不严密。拌和站沥青材料管理不严格，造成运输车辆黏附的沥青抛洒在成型桥面上（图16-8），不仅污染桥面，还会形成油斑病害。

另外，要经常检查、更换运输车辆的覆盖保温材料，避免非沥青材料卷入沥青混合料中，产生桥面坑槽病害。沥青混合料运输车的包裹材料破损，棉絮黏在沥青混合料上（图16-9），影响铺装质量。

图16-8 运输道路上黏附大量的沥青材料

a)　　　　　　　　　　　　　　　　　　　　　b)
图 16-9　混合料运输车的包裹材料破损，棉絮黏在沥青混合料上

（4）施工现场组织不严密，常见的现象有：黏层油喷洒不规范，未破乳就摊铺沥青混合料，且未进行交通管制等，见图 16-10。另外，冷接缝的施工方式也埋下了质量隐患，见图 16-11、图 16-12。

四、施工污染严重

对于沥青铺装施工，柴油、汽油、机油等污染对铺装的耐久性危害严重，坑槽病害往往最早从油污染处发生并逐步发展。沥青铺装表面被柴油污染见图 16-13、图 16-14。

图 16-10　黏层油洒布后未进行交通管制

图 16-11　采用冷接缝方式，埋下质量隐患　　　图 16-12　混合料碾压过程中轮胎压路机黏轮

图 16-13　沥青铺装表面被柴油污染　　　　图 16-14　交叉作业时沥青铺装表面被柴油污染

桥面沥青铺装过程中典型的污染现象有沥青混合料污染桥梁护栏、伸缩缝施工污染沥青铺装等，见图 16-15～图 16-17。

图 16-15　桥面施工污染混凝土护栏

图 16-16　伸缩缝施工污染桥面铺装

图 16-17　即将通车项目的沥青铺装和道路标线被严重污染（右侧线路）

第二节　工序与工期安排存在的质量问题

一、在调平层混凝土养护期内强行施工沥青铺装层

由于工期紧，桥面沥青铺装层与水泥混凝土调平层施工间隔较短，调平层混凝土养护期太短，强度未达到设计要求，就铺筑了沥青铺装层，为运营后出现坑槽等病害埋下了隐患。

在建设项目交叉施工中，桥梁作为全线通车的控制性工程，施工进度控制较严，水泥混凝土调平层质量更是难以保证，包括钢筋网片位置、混凝土强度、铺装层平整度、养护时间等都存在问题。

二、交叉作业产生的质量隐患

不合理的交叉施工最容易产生质量隐患。如某建设项目，桥面铺装施工单位已经开始进行桥面沥青铺装施工工序，而桥梁工程的收尾工序还未完成，见图 16-18、图 16-19。

图 16-18　调平层黏层油喷洒与桥梁工程交叉作业

图 16-19　沥青铺装与桥梁工程交叉作业

三、低温施工、夜间施工产生的质量隐患

《公路沥青路面施工技术规范》（JTG F40—2004）对沥青混合料的施工气温有着严格的要求，有些项目盲目追求工期，在低温下施工，使沥青混合料的压实度较难满足要求。

低温天气铺筑桥面沥青混合料见图 16-20。夜间铺筑桥面沥青混合料见图 16-21。

图 16-20　低温天气铺筑桥面沥青混合料

图 16-21　夜间铺筑桥面沥青混合料

第五篇

建设期桥面沥青铺装质量通病预防

DISEASE PREVENTION AND MAINTENANCE TECHNOLOGY
OF ASPHALT PAVING ON CEMENT CONCRETE BRIDGE DECK

第十七章 桥面沥青铺装一体化设计

桥面沥青铺装设计是确保桥面质量的关键。桥面沥青铺装专项设计包括材料与结构设计、层间结合设计、防水排水设计等。

第一节 桥面沥青铺装设计原则

桥面沥青铺装设计应以各结构层连续为设计原则，从而确保桥面的受力状况与设计一致，使用寿命达到设计使用年限。

1. 设计使用年限

《公路工程技术标准》（JTG B01—2014）规定，公路路面结构设计使用年限应不小于表17-1的规定。

公路路面结构设计使用年限　　　　表17-1

公路等级		高速公路	一级公路	二级公路	三级公路	四级公路
设计使用年限（年）	沥青混凝土路面	15	15	12	10	8
	水泥混凝土路面	30		20	15	10

2. 基本原则

（1）空心板式结构设计中，应将梁板与混凝土调平层一起考虑，梁板顶面设置钢筋连接，混凝土调平层内设钢筋网。

（2）采用高密实度、高强度的桥面混凝土调平层，混凝土强度等级与梁板强度等级一致。混凝土水灰比一般应控制在 0.4 以下。调平层厚度一般不小于 100mm，必要时可采用聚丙烯纤维混凝土，以进一步提高混凝土调平层的性能。

各类钢筋混凝土桥、预应力混凝土桥，均应在主梁顶板上设 8～10cm 厚 C40 混凝土调平层。在距调平层顶面 2.5cm 处设 C12 钢筋网，间距 10cm。调平层混凝土添加聚丙烯网状纤维，用量按 1.0kg/m³ 添加，见图 17-1。

图 17-1　在调平层混凝土中添加聚丙烯纤维，以提升混凝土的抗裂能力

（3）为防止伸缩缝处沥青铺装破损，在设计伸缩缝时，除了在桥梁两端留有足够的锚固钢筋外，还应设计成高强度纤维混凝土。

（4）加强桥面排水设计，改善桥梁的使用环境。应根据桥梁宽度、横坡、纵坡合理确定桥上泄水孔间距，泄水孔的收水口顶部高程应低于水泥混凝土桥面顶至少1cm，其周围要具备收坡功能。

（5）重视桥面防水设计。防水黏结层不仅要起到防水作用，而且要求其与水泥混凝土和沥青混凝土都有很好的黏结性能和亲和性。

（6）对于特大型桥梁，应采用嵌挤密实结构的沥青混合料，以提高防水、抗渗和抗车辙的能力。AC-13上面层与SMA-13上面层的内部结构及表层构造深度对比见图17-2、图17-3。

图17-2　AC-13上面层的内部结构与表层构造深度

图17-3　SMA-13上面层的内部结构与表层构造深度

3. 安全性原则

（1）对于尚处于探索阶段的新技术、新工艺、新材料、新设备（简称"四新"技术），设计时必须及时搜集国内外类似工程实际使用成功案例，及时分析、比较、总结适合本地区的沥青铺装层结构组合，确保安全。

（2）沥青铺装宜采用两层设计，既能保证铺装有足够的厚度，还能提高平整度、安全性，可采用与路基段中上层相同的结构，这样桥面铺装和路面施工同时进行，给施工带来极大方便。

4. 实操性原则

（1）既要考虑桥面的特殊性，又要兼顾整个项目路基段材料设备的整体协调性。不能"纸上谈兵"，不能"单兵作战"，为了几百米的桥面铺装而进行特殊设计不可取。

（2）当桥面采用双层一次性铺筑结构时，应进行"结构、材料、设备"一体化设计。

5. 耐久性原则

2019年9月，中共中央、国务院印发了《交通强国建设纲要》。在此纲要的指引下，交通运输部及各省、自治区、直辖市交通运输管理部门都制定了新的交通运输发展规划，预计今后十几年内，我国公路交通建设规模将继续不断扩大，将会新建大规模的高速公路和普通公路。与此同时，更有数百万公里的既有公路需要升级改造，其中绝大部分高等级公路路面结构为沥青路面。

按照我国现行沥青路面设计标准，高等级公路沥青路面的设计使用寿命为15年，而欧美发达国家沥青路面的设计使用寿命在20年以上，普遍超过30年。由此可见，我国沥青路面的设计使用寿命普遍偏短。从实际使用寿命的调查结果来看，大部分高速公路在使用 10～12 年后就需进行大、中修，实际使用寿命远短于设计使用寿命。

沥青路面使用寿命偏短，导致公路基础设施频繁进行大、中修，消耗了大量的不可再生资源，严重破坏了生态环境，并且诱发交通拥堵，显著降低了道路的通行能力和路网运输效能，也大幅增加了运营期的养护维修费用。因此，开展沥青路面结构耐久性研究具有十分重要的战略意义。

总之，优质耐久的桥面沥青铺装必须从设计入手，从施工控制，从养护维持。只有精心设计、规范施工、合理使用，才能延长桥面铺装的使用寿命。

第二节 桥面沥青铺装组合设计

一、桥面沥青铺装的技术要求

（1）铺装材料要求：足够的强度（弯拉强度、剪切强度）、可接受的变形性能（车辙、平整度）、水稳定性、耐磨耗性。

（2）铺装结构要求：具有良好的相容性、协调性，以及足够的整体强度，与桥梁结构保持良好、持续的界面联结。

（3）特大桥、重要大桥宜选择浇注式沥青混凝土、沥青玛碲脂或涂膜等防水层，下面层宜用浇注式沥青混凝土、沥青玛碲脂碎石（SMA）组成防水体系。

（4）桥面铺装应检验各结构层间的抗剪强度和抗拉强度。高速公路、一级公路的桥面铺装厚度宜为 70～100mm，二级、三级公路桥面铺装厚度宜为 50～90mm。表面层厚度不小于 30mm。若桥面铺装为单层，铺装厚度不宜小于 50mm。

（5）对于高速公路、一级公路的大、中、小桥的下面层结构，为了便于连续施工，可与两端路线的路面结构相同，但应选用防水效果良好、施工方便且质量可靠的防水黏结层。

（6）各级公路的大、中、小桥宜用沥青砂、涂膜、热融沥青碎石、稀浆封层、卷材等做防水层，并视具体情况设置专门的黏结层以加强联结作用。下面层是防水体系的重要组成部分，可选用密级配沥青混凝土等组成防水体系，并严格控制沥青混合料的现场空隙率。

二、设计应该考虑的因素

1. 设计参数取值

应根据当地交通量及轴载的调查情况合理确定设计荷载标准。对跨江跨河的特大型桥梁，还必须考虑风载、温度变化、防撞力、防震等因素。

2. 细部结构设计

合理设计防水黏结层、沥青混合料铺装层。明确水泥浮浆表面凿毛处理要求、防水黏结层材质及施工要求等。桥面沥青铺装细部结构试件见图 17-4～图 17-6。

3. 优化沥青铺装的层间结构及控制技术指标

（1）桥面铺装层可采用高黏度的重交通道路沥青，或掺加高聚物改性剂来改善沥青的品质，采用与沥青黏附性好的集料或抗剥离措施，提高沥青黏结力、抗车辙能力。

（2）对于沥青表层，应通过选用耐磨石质粗集料、反击式工艺来提高粗集料的粗糙度，同时通过设计规定构造深度，以达到桥面抗滑效果。

（3）沥青铺装还可采用高性能的沥青混合料，如双层改性SMA、双层排水性沥青铺装等。由于不同的结构对防水层的要求也不同，宜同步对结构和防水层进行最佳组合设计。

图17-4　桥面沥青铺装细部结构试件

图17-5　桥面沥青铺装细部结构试件（SMA-10）

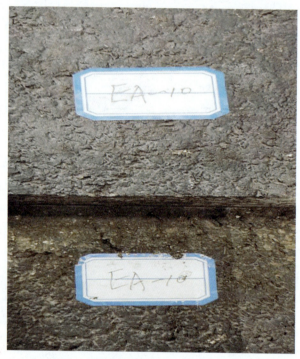

图17-6　桥面沥青铺装细部结构试件（EA-10）

三、设计的主要内容

1. 铺装层数设计

沥青铺装层结构一般按双层设计。铺装上面层可根据使用要求设置为耐磨的沥青混合料抗滑层或密级配沥青混凝土层，铺装下面层可根据公路等级、沥青混凝土铺装层厚度、气候条件等选择适当的沥青混合料层。一般而言，桥面铺装设计时应重点考虑沥青铺装与水泥调平层的黏结、封水、抗剪切、抗推移、抗车辙等。下面列举了两条高速公路桥面铺装层设计情况，见表17-2、表17-3。

西安至商州高速公路水泥混凝土桥面 SMA 铺装结构设计　　表 17-2

结　构　层	厚度或材料用量	结构类型	备　注
上面层	40mm	SMA-13	—
黏层油	0.5kg/m²	SBR 改性乳化沥青	—
下面层	60mm	AC-20	特大桥梁铺装层混合料中添加 0.2% 聚酯纤维
SBR 改性乳化沥青 +SBS 改性热沥青同步碎石封层防水体系	碎石规格 9.5～13.2mm	SBR 改性乳化沥青、SBS 改性热沥青	局部桥梁采用 SBS 改性热沥青作为封水层
水泥混凝土桥面抛丸、甩锤及清理、表面修复	3～5mm	—	局部桥梁采用铣刨机修复桥面高程

西安咸阳国际机场专用高速公路水泥混凝土桥面 OGFC 铺装结构设计　　表 17-3

结　构　层	厚度或材料用量	结构类型	沥青材料	集料
上面层	40mm	OGFC-13	SBS 改性沥青、TPS 添加剂	片麻石
黏层	0.3kg/m²	—	SBR 改性乳化沥青	—
下面层	70mm	AC-20	SBS 改性沥青	石灰石
橡胶沥青同步碎石封层防水体系	—	碎石规格 9.5～13.2mm	橡胶沥青	石灰石
黏层	0.5kg/m²	—	SBR 改性乳化沥青	—
水泥混凝土调平层抛丸、甩锤及清理、表面修复	3～5mm	—	—	—

近年来，我国运输车辆中重型载货汽车逐渐增多，重载现象日益凸显，相当数量的桥梁在通车几年后就不得不进行大、中修，其主要原因之一就是忽视了桥面铺装层间体系的耐久性。

桥面铺装层间体系的使用性能及耐久性，是影响桥面铺装层使用品质的重要因素之一。目前，我国对于桥面铺装层间体系的研究主要集中在性能提升方面，而对其耐久性研究涉及较少。层间体系的耐久性不足，极易导致桥面在高温及超重载的作用下发生早期破坏。因此，桥面铺装层间体系的耐久性问题亟待攻关解决，以使桥面铺装在具有良好使用性能的基础上，增强耐久性，从而提升公路桥梁使用品质及寿命。

某高速公路桥面沥青铺装层数比较见图 17-7。

2. 铺装结构类型与厚度设计

一般来说，选择沥青混合料铺装层时至少应有一层是Ⅰ型密级配沥青混合料，以防止雨水下渗。两层式沥青混合料铺装上面层采用抗滑表层时，铺装下面层宜根据当地气候、交通量也采用Ⅰ型密级配沥青混合料。

铺装层厚度对铺装层的最大拉应力（应变）影响比较复杂，使得铺装层内最大拉应力变化趋势呈现多元化，要综合比较各种力学指标的要求和不同厚度组合对铺装体系剪应力影响的分析结果，来选择合理的铺装层厚度。

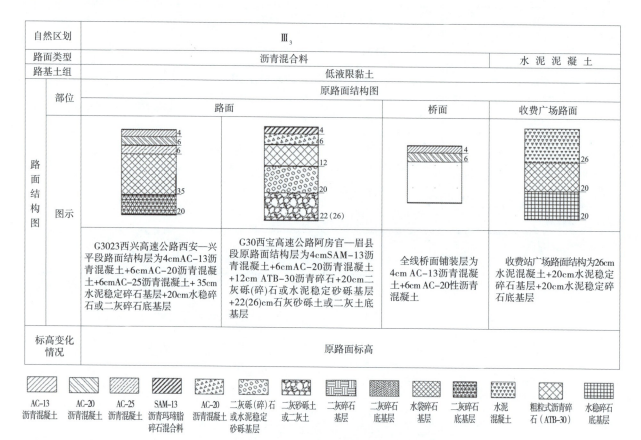

图 17-7　某高速公路桥面沥青铺装方案比较

2019年10月，中国公路学会发布了《港珠澳大桥施工技术指南　第七分册：钢桥面铺装工程》（T/CHTS 10018—2019）、《港珠澳大桥施工技术指南　第八分册：混凝土桥面铺装工程》（T/CHTS 10019—2019），分别列举了两种桥面铺装工程的铺装结构。

其中，港珠澳大桥混凝土桥面铺装工程的结构设计见图17-8，现场实施情况见图17-9～图17-11。

图 17-8　港珠澳大桥混凝土桥面铺装结构设计

图 17-9　左侧为抛丸表面，右侧为防水层（0.6～0.8kg/m² 环氧树脂 0.6～2.36mm 碎石）

图 17-10　桥面铺装结构中的保护层（中部）与磨耗层（上部）

图 17-11　港珠澳大桥混凝土桥面铺装结构（45mm 改性沥青 SMA 磨耗层）

3. 桥面铺装材料设计

调平层混凝土强度等级要求与主梁相同，保证混凝土最小厚度达到 8cm。另外，水泥混凝土中可适当掺加部分纤维，抑制混凝土早期裂缝的形成，提高冲击强度并延长疲劳寿命。

沥青混合料下面层直接与水泥混凝土调平层接触，容易产生失稳型车辙，必须提高沥青混合料的抗车辙能力。

在设计长大纵坡、急弯路段的沥青混合料下面层配合比时，要考虑混合料的抗车辙能力、桥面层间黏结能力、防渗水能力。下面层的 AC 类混合料级配应采用骨架密实结构，渗水系数应小于 80mL/min；上面层 SMA 混合料级配也应适当偏细，渗水系数应小于 50mL/min。

4. 桥面铺装结构排水设计和雨水收集系统设计

（1）桥面铺装结构排水设计。

桥面沥青铺装要防止层间积水，避免在桥面铺装层下部产生积水现象，见图 17-12。在设计阶段，桥面泄水孔的直径应满足排水需求，避免运营期桥面积水，影响车辆行驶安全，见图 17-13。

图 17-12　桥面沥青铺装层间积水

图 17-13　雨天桥面积水，存在行车安全隐患

设计中常见的问题有桥面泄水孔直径较小，与排水能力不匹配，桥面泄水孔堵塞等，见图 17-14、图 17-15。

图17-14　某桥面泄水孔直径较小，与排水能力不匹配

图17-15　某桥面泄水孔堵塞

既要在桥梁上设置泄水孔，还应在桥面横坡较低的一侧沿着纵向设置碎石盲沟，引导排出结构层间水，见图17-16～图17-18。

（2）环境敏感地带雨水收集系统设计。

桥梁经过水源地保护区、农田保护区等环境敏感地带时，在设计阶段，必须征求环保部门的意见，依据环境保护相关法律法规进行专项设计。此时，要对桥面排水进行收集，先导入油水分离池和沉淀池来分离和沉淀，再排入河道，避免破坏水源地保护区、农田保护区等水质，造成水体的污染。

处于水源地保护区或经过农田保护区的桥梁（图17-19、图17-20），其桥面排水必须进行收集、净化之后，才能排放。桥面排水收集系统见图17-21。

图17-16　在桥面排水一侧设置泄水孔

图17-17　桥面下面层排水一侧设置碎石盲沟

图17-18　桥面上面层摊铺时覆盖碎石盲沟

图 17-19 处于水源地保护区的桥梁

图 17-20 经过农田保护区的桥梁

a)

b)

c)

图 17-21 桥面排水收集系统

第十八章 桥梁梁板预制、安装质量要求及湿接缝病害预防

第一节 概述

一、施工病害对运营期使用功能的影响

梁板预制、安装及湿接缝在施工过程中产生的质量病害，直接影响着桥面沥青铺装下部结构的耐久性。通过对该施工环节的质量控制，以达到预防运营期桥面沥青铺装产生病害的目的。

二、施工质量控制重点

（1）梁板预制必须采取标准化施工工序，全过程进行质量控制。具体包括梁板钢筋胎架绑扎、混凝土浇筑、负弯矩槽口施工、梁板端头凿毛、梁板顶板凿毛、梁板内室清理等。

（2）梁板在起落过程中应保持水平，顶落梁时梁体的两端应同步缓慢起落，并不得冲击临时支座。梁板就位时，应设置必要的装置对梁体的空间位置进行精确调整，确保梁板安装后其各项实测指标满足规范要求。

（3）湿接缝混凝土浇筑后会产生收缩现象，引起湿接缝和预制梁之间的开裂和预应力损失。由于湿接缝的钢筋较为密集，混凝土中的石子粒径不宜超过 2cm，浇筑前要设计合理的配合比，控制各类材料的用量。浇筑过程中振捣设备最好使用小直径的振捣器，配合大直径的振捣棒，最后使用平板式振捣器，确保现浇混凝土的密实度和平整度。

第二节 梁板预制的质量要求

预制场地应进行专项设计，其布置应有利于制梁、存梁、运梁和架梁的施工作业。制梁台座、存梁台座及运梁线路的地基应具有足够的承载能力，并应有防排水设施。场地内的道路、料场等应进行硬化处理。标准化的预制梁场见图 18-1。

梁板的质量通病除冷缝、砂斑、气孔、水波纹、钢筋保护层合格率低、几何尺寸合格率

图 18-1 标准化的预制梁场

偏低等外，还包括混凝土不密实，顶板厚度不足，顶板、腹板、底板裂缝和裂纹等。梁板预制工序见图 18-2。

一、钢筋绑扎

预制梁板的钢筋宜在定位胎架（图 18-3）上绑扎制作成整体骨架后，再进行整体起吊安装，采用拼装式内模时，钢筋宜分片制作。

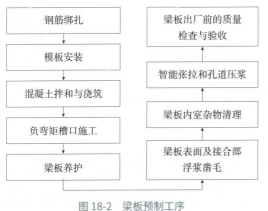

图 18-2 梁板预制工序

图 18-3 梁板底腹板钢筋采用定位胎架

要严格控制钢筋加工质量，采用数控钢筋弯箍机、数控钢筋弯曲中心、数控钢筋笼成型机、标准化定位模具等设备对钢筋进行加工，提高加工质量和效率。

二、模板的制作、安装与拆除

模板应采用定型钢模板，且具有足够的强度和刚度，并能满足多次重复使用不变形的要求。模板的制作、安装与拆除应符合下列规定：

（1）钢模板在加工制作时，模板的全长和跨度应考虑梁板反拱度的影响及预留压缩量。附着式振捣器的支座应交错布置，安设牢固，并应使振动力先传向模板的骨架，再由骨架传向面板。

（2）模板安装时，其位置应准确，各部位的连接应牢固可靠，接缝应平顺、严密且不漏浆。

（3）对外侧模和端模而言，模板的拆除应满足梁板混凝土的表层温度与环境温度之差不大于 15℃ 的要求。当气温急剧变化时，不宜进行拆模作业。

用于梁板预制的全液压定型模板见图 18-4。

图 18-4 全液压定型模板

三、混凝土拌和与浇筑

1. 材料与设备的基本要求

（1）混凝土拌和前，必须对各种原材料进行质量检查，对拌和设备进行计量系统标定。

（2）粗集料最大粒径宜依据混凝土结构及施工方法选取，但最大粒径不得超过结构最小边尺寸的 1/4 和钢筋最小净距的 3/4；在两层或多层密布钢筋结构中，最大粒径不得超过钢筋最小净距的 1/2。混凝土实心板的粗集料最大粒径不宜超过板厚的 1/3 且不得超过 37.5mm。泵送混凝土时的粗集料最大粒径，除应符合上述规定外，碎石粒径不宜超过输送管径的 1/3，卵石粒径不宜超过输送管径的 2/5。

规定粗集料最大粒径，主要是为防止集料过大被卡在钢筋的间隙、泵车管道内，同时为了保证混凝土结构物的密实度和外观质量。

（3）施工前应对所用的粗集料进行检验。

粗集料的进场检验组批应符合相关规范的规定。检验内容应包括外观、颗粒级配、针片状颗粒含量、含泥量、泥块含量、压碎值等，必要时还应对坚固性、有害物质含量、氯离子含量、碱活性及放射性等指标进行检验。检验方法应符合现行《公路工程集料试验规程》（JTG E42）的规定。

优质的碎石材料见图 18-5。

图 18-5　优质碎石材料

（4）拌和站的进出口应采用全自动工程洗车机对车辆进行清洗，通过电子设备自动感应车辆进入，两个侧面和底面三个方向的高压水对车辆轮胎和车底进行冲洗，效果良好。采用循环水，洗轮机底部设置三级沉淀池，使水可以循环利用，沉淀后的残料外运，不会产生水污染，可以达到良好的节水、减少水污染的效果。标准化的拌和站储料仓大棚见图 18-6，标准化的拌和站见图 18-7。

图 18-6　标准化的拌和站储料仓大棚

图 18-7　标准化的拌和站

（5）积极探索采用混凝土搅拌新技术。近年来，我国部分施工企业进行了混凝土搅拌技术创新。例如，采用振动搅拌技术，能够从宏观和微观上改善水泥的匀质性，从而有效提高其使用性能，减少水泥用量。水泥颗粒分布情况对比见图 18-8。C30 混凝土普通搅拌与振动搅拌微观情况对比见图 18-9。

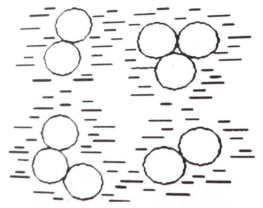
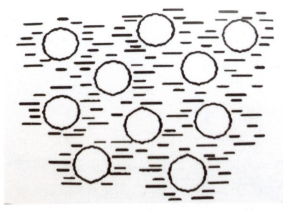

图 18-8　水泥颗粒的团聚现象（左）和水泥颗粒均匀分布情况（右）

图 18-9　C30 混凝土普通搅拌（左）与振动搅拌（右）微观对比

2. 混凝土浇筑的基本要求

（1）为确保水泥混凝土调平层的平整度，应在梁板预制时，采取预制梁二次收面的方法，严格控制预制梁顶面平整度。

（2）收面时间以混凝土接近初凝为宜。

（3）收面方法应根据混凝土坍落度确定，坍落度小，表面无浮浆，用木抹子或者塑料抹子提浆压石子收面；坍落度大，浮浆多，收面后用钢丝刷拉毛。

（4）留有负弯矩张拉槽口的梁板要确保张拉完成以后负弯矩区混凝土的施工质量，以不高出预制梁混凝土顶面为宜。

梁板预制阶段就预埋与调平层连接的钢筋，见图 18-10。

（5）梁板混凝土宜一次连续浇筑完成，且宜采用水平分层、斜向推进的方式进行浇筑，水平分层的厚度不得大于 300mm。各层间混凝土的间隔浇筑时间不应超过其初凝时间。梁体腹板下部的底板混凝土宜采用设于底模处的附着

图 18-10　梁板预制阶段就预埋与调平层连接的钢筋

式振捣器振捣；腹板混凝土宜采用插入式振捣器及附着式振捣器辅助振捣；对于钢筋预应力管道密布区域的混凝土，应提前按一定间距设置混凝土溜槽和插入式振捣器辅助导向等装置，保证该区域的混凝土振捣密实。

四、负弯矩槽口施工

负弯矩槽口预留施工时，采用厚度不小于10mm的定型钢模板（梳型模）加固，施工前严格检查梳型口堵塞情况，既要避免漏浆，又要避免泡沫胶进入模内，混凝土浇筑完成后严格控制拆模时间，避免槽口混凝土塌口或破损，拆模后及时清理干净槽口。成型的负弯矩槽口见图18-11。

五、梁板养护

梁板混凝土浇筑完成后，应按相关规范及时进行覆盖和养护。

图18-11　成型的负弯矩槽口

（1）当采用蒸汽养护时，除应符合相关规范的规定外，尚宜分为静停、升温、恒温、降温、自然养护5个阶段。静停期间应保持蒸汽养护棚内的温度不低于5℃；混凝土浇筑完成4h后方可升温，且升温的速度应不大于10℃/h；恒温时应将温度控制在50℃以下，恒温时间宜由试验确定；降温的速度应不大于5℃/h；蒸汽养护结束后，应立即进入自然养护阶段，且养护时间宜不少于7d。蒸汽养护期间、拆除保温设施及模板时，梁体混凝土表层的温度与环境温度之差应不大于15℃。

（2）当采用自然养护时，对暴露于大气环境中的混凝土表面应采用适宜的材料进行覆盖，并洒水养护；对拆模后尚未达到养护时间的梁体混凝土表面，宜采用喷淋方式或喷洒养护剂的方式进行养护。当环境相对湿度小于60%时，自然养护的时间宜不少于28d；相对湿度大于或等于60%时，自然养护的时间宜不少于14d。

梁板智能养护见图18-12～图18-14。

六、梁板表面及接合部浮浆凿毛

为确保湿接缝浇筑时新旧混凝土结合良好，湿接缝、湿接头施工前，应对预制梁端头和梁板侧面进行凿毛。

（1）梁板连续端、湿接缝侧面凿毛采用墨汁弹线、手持式凿毛锤，按照深度不小于6mm及表面无浮浆的标准进行凿毛。该工艺优点是操作便捷，效率高，凿毛效果明显，凿点美观，浮点式凿毛对混凝土不产生破坏性损伤。

（2）梁板顶面凿毛采用气动式凿毛锤，按照深度不小于6mm及表面无浮浆的标准进行凿毛。该工艺优点是能灵活通过梁顶预埋筋，对中等面积部位凿毛效果良好，凿毛深度均匀，凿毛密度高。

采用凿毛机对梁板表面及接合部浮浆进行凿毛作业及效果见图18-15～图18-17。

图 18-12 梁板智能养护

图 18-13 机器人喷淋养护

图 18-14 梁板内部喷淋养护

图 18-15 采用凿毛机对梁板表面浮浆进行凿毛

图 18-16 采用凿毛机对接合部浮浆进行凿毛

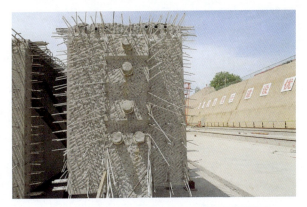
图 18-17 采用凿毛机对接合部浮浆进行凿毛的效果

七、梁板内室杂物清理

在梁板封端前严格检查梁板内室清理情况，避免在运营过程中梁室内残留杂物及透气孔被堵塞引发后续质量问题。

八、智能张拉和孔道压浆

1. 压浆材料要求

预应力孔道压浆应按交通运输行业规范《公路工程 预应力孔道灌浆料（剂）》（JT/T 946—2014）要求，采用专用压浆料或专用压浆剂配制的浆液，压浆材料应实行严格的材料准入制度，每批次材料必须经驻地监理签字确认后方可使用。不合格原材料严禁在工程中使用。

预应力孔道压浆料见图18-18。

2. 配合比要求

注浆前应进行压浆浆液试验室试配、生产配合比验证，并在施工前进行工艺验证，经试配的浆液各项性能指标均满足相关规范要求后方能使用。

3. 施工队伍要求

施工前要择优选择专业化的压浆队伍，并经相关方面考试或考核。施工期间，应保持队伍的稳定，严禁无序流动。

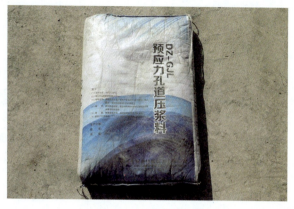

图18-18 预应力孔道压浆料

4. 技术交底与岗前培训

预应力压浆施工前应对全体操作人员进行培训，确保培训囊括一线的操作人员。

5. 现场管理

要严格按照《公路桥涵施工技术规范》（JTG/T 3650—2020）和《公路工程 预应力孔道灌浆料（剂）》（JT/T 946—2014）的要求进行压浆作业，落实压浆工艺和流程，建立完善的质量保证体系，明确各工序责任分工。预应力张拉压浆施工时，施工现场应由专人负责指挥。

6. 施工条件限定

冬季低温条件下，要确保浆液不冻，同时要重视预应力孔道压浆后的保温及养护工作。对不满足保温及养护条件的梁板，一律禁止压浆。

7. 监理旁站

监理单位应加强对预应力施工的现场旁站监理，落实现场监理各环节质量监理责任。预应力张拉压浆施工和检测应严格进行现场旁站监理，并对关键工序实行近距离全程现场录像存档，同时重点加强对压浆料、用水量、压力表、水胶比、温度计等的监理，做好旁站监理记录。

九、梁板出厂前的质量检查与验收

1. 严格控制梁板预制质量

（1）应按照"首件认可"的工艺工序全过程、多环节控制梁板预制质量。

（2）固化梁板智能张拉、大循环压浆标准化施工工艺，解决梁板预应力不足和压浆密实性不良的问题。

（3）梁板要智能化喷淋养护，避免人工养护不到位、不及时的问题，有效提高梁板养护质量。

（4）梁板在出厂前由中心试验室、总监办、施工单位共同对其外观、强度等各项技能指标进行检验，并出具"出厂合格证"。

2. 全面检测预制梁板质量

孔道压浆后须经有资质和检测经验的单位进行压浆效果检测。检测原则：检测频率按不低于预制梁数量的1%进行抽检，现浇梁、刚构悬浇梁段按不低于总数的1%进行抽检。当项目的某施工标段施工质量差，检测不合格时，除要求返工外，须提高检测频率。

预制梁板出厂前的质量检查与验收见图18-19～图18-25。

3. 二维码信息管理

在梁板上印制二维码的目的是建立可追本溯源的信息查验体系和质量责任查验体系。扫描二维码，能清楚地了解梁板的工程部位、编号、梁长、钢筋绑扎时间及工序责任人、预应力管道安装时间及工序责任人、混凝土浇筑时间及工序责任人、张拉压浆时间及工序责任人以及现场技术员、技术负责人、监理工程师等信息，确保每一片梁板都有自己独特的"身份"，见图18-26。

图18-19 采用智能压浆设备保证压浆质量

图18-20 梁板混凝土强度检测

图18-21 混凝土试件抗压强度检测

a)

b)

图18-22 结构尺寸检测

图18-23 结构强度回弹检测

图18-24 逐片检测梁的外观质量

图 18-25　内实外美的预制梁板

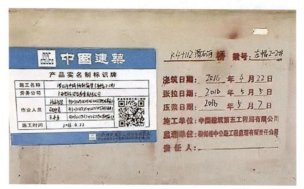
图 18-26　印制梁板二维码，让其拥有"身份证"

第三节　梁板安装过程的质量要求

一、梁板场内移运及存放要求

梁板的场内移运及存放应满足以下要求：

（1）梁板在场内的移运可采用门式起重机、轮胎式移梁机或滑移方式，且应预设相应的移运通道。

（2）采用滑移方式移梁时，滑道应设在坚固、稳定的地基基础上。滑道应保持平整，滑移时4个支点的相对高差不得超过4mm，两滑道之间的高差不得超过50mm。滑移的动力设施应经计算及试验确定。滑移过程中应采取有效措施保证梁体不受损伤。

（3）梁体预应力钢束初张拉后进行吊运或滑移时，梁板顶面严禁堆放重物或施加其他额外荷载。终张拉后吊运或滑移梁板，应在预应力孔道压浆浆体达到设计规定强度后方可进行。

（4）梁板的存放台座应坚固、稳定，且应有相应的防排水设施，应保证梁板在存放期间不致因台座下沉受到损坏。梁板在存放时，其支点至梁端的距离应符合设计规定。

二、梁板运输要求

梁板的运输应满足以下要求：

（1）采用运梁车运输梁板时，运梁线路的路面应平坦，地基应有足够的承载能力，纵向坡度应不大于3%，横向坡度（人字坡）应不大于4%，最小曲率半径应不小于运梁车的允许转弯半径。在运梁车通过的限界内，不得有任何障碍物。

（2）运梁车装载梁板时，其支承应牢固，起步和运行应缓慢，应平稳前进，严禁突然加速或紧急制动。重载运行时运梁车的速度宜控制在5km/h以内，曲线、坡道地段速度应严格控制在3km/h以内。当运梁车接近卸梁地点或架桥机时，应减速徐停。

（3）采用水运方式运输梁板时，除支承应符合结构受力及运输要求外，尚应对梁体进行固定，并应采取防止船体摆动的有效措施，保证其在风浪颠簸中不移位。

（4）不论采用何种方式运输梁板，均不得使其在装卸和运输过程中产生任何形式的损伤及变形。

三、梁板安装要求

梁板的安装应满足以下要求：

（1）梁板的安装应采用通过技术质量监督部门产品认证的专用架桥机，吊架和吊具应专门设计。起重设备、吊架和吊具等应经试吊并确认安全后方可用于正式施工，吊具应定期进行探伤检查。

（2）采用架桥机进行安装作业时，其抗倾覆稳定系数应不小于1.3；架桥机过孔时，起重小车应位于对稳定最有利的位置，且抗倾覆稳定系数应不小于1.5。

（3）采用起重船安装作业时，起重船在进入安装位置后应根据水的流速、流向、浪高以及风向等情况抛锚定位，定位时不得利用桥墩带缆；在起重船定位和梁板架设安装过程中，船体和梁体均不得碰撞桥墩或承台。

（4）架设安装时，梁板在起落过程中应保持水平；顶落梁时，梁体的两端应同步缓慢起落，并不得冲击临时支座；梁板就位时，应设置必要的装置对梁体的空间位置进行精确调整。

（5）在墩顶设置的临时支座，其形式和位置应符合设计规定，梁底与支座应密贴。4个临时支座的顶面相对高差不得超过4mm。

（6）梁板架设安装后的吊梁孔应采用收缩补偿混凝土封填。

梁板安装见图18-27。梁板安装过程中的高程测量见图18-28。

梁板安装实测项目见表18-1。

图18-27　梁板安装

a)

b)

图18-28　梁板安装过程中的高程测量

梁板安装实测项目　　　表18-1

项次	检查项目		规定值或允许偏差
1	支座中心偏位（mm）	梁	5
		板	10
2	倾斜度（%）		1.2
3	梁（板）顶面纵向高程（mm）		+8、-5
4	相邻梁（板）顶面纵向高程（mm）		8

梁板安装效果见图 18-29。

图 18-29 梁板安装效果

第四节 湿接缝施工的质量要求

一、湿接缝施工准备

梁板安装完成后即尽快开始湿接缝施工（图 18-30）：一是确保工序连续，二是保证了梁板安装的稳定性。

湿接缝施工前，应对照施工图纸，对钢筋规格型号、混凝土强度等级等进行认真核对。

二、湿接缝钢筋焊接

湿接缝钢筋的焊接长度应满足设计和相关规范要求，横向、纵向布筋准确。钢筋焊接施工采用防风罩防风、二氧化碳气体保护焊焊接。其工艺优点为焊接生产效率高，抗裂性能好，焊接质量高，焊接变形小，适应变形范围大。湿接缝钢筋焊接见图 18-31、图 18-32。

图 18-30 湿接缝施工

三、湿接缝混凝土浇筑

桥面湿接缝、湿接头混凝土浇筑应采用定型模板，高强拉杆吊模，接合部位采用止浆垫粘贴，使模板与梁体边缘紧密贴合，无漏浆现象。湿接缝混凝土浇筑完成见图 18-33。

四、混凝土养护

桥面湿接缝、湿接头混凝土浇筑完成后，应及时采用"两布一绵"养护。即先在调平层上铺一层透水土工布，再铺设一层 5cm 厚的海绵，最后覆盖一层透水土工布。其优点是：保水性能好，保湿持续时间长，无须持续洒水，覆盖彻底，无缺水死角，饱水后自重大，黏合力强，不容易被风吹起。

图18-31　湿接缝钢筋焊接

图18-32　湿接缝钢筋焊接完成

五、湿接缝施工质量控制要点

（1）先将浇筑湿接缝范围内的梁端表面旧的混凝土凿毛1~2mm，保证新旧混凝土良好的结合，这是保证湿接缝施工质量的关键一步。

（2）湿接缝钢筋安装要依据设计图纸，确保钢筋绑扎和纵向钢筋的连接。

（3）控制现浇混凝土施工质量。混凝土浇筑后会发生收缩，从而引起湿接缝和预制梁之间的开裂和预应力损失，对此，可在混凝土中添加膨胀剂。由于湿接缝的钢筋较为密集，混凝土中的石子粒径不宜超过2cm，浇筑前要设计合理的配合比，控制各类材料的用量。浇筑过程中振捣设备最好使用小直径的振捣器，配合大直径的振捣棒，最后使用平板式振捣器，确保现浇混凝土的密实度和平整度。

湿接缝按下列工序施工：先浇筑与顶板负弯矩同长度范围内的湿接缝→养护→张拉负弯矩钢束并压浆→浇筑剩余部分湿接缝。湿接缝混凝土振捣密实，与梁板结合平整、紧密，见图18-34。

图18-33　湿接缝混凝土浇筑完成

图18-34　湿接缝混凝土振捣密实，与梁板结合平整、紧密

第十九章 桥面水泥混凝土调平层病害预防

第一节 概述

一、施工病害对运营期使用功能的影响

位于桥梁梁板之上的水泥混凝土调平层，是连接预制梁板与沥青铺装层的重要载体和关键结构层。其施工平整度、强度高低，以及是否存在裂缝，厚度是否均匀等，都将直接影响沥青铺装层的寿命长短。通过对该施工环节的质量控制，以达到预防运营期桥面沥青铺装病害的目的。

二、施工质量控制要点

（1）梁体安装完成后，应在两个月内进行水泥混凝土调平层施工，以避免两者之间产生过大收缩差，影响层间结合。

（2）水泥混凝土调平层施工前，施工、监理单位对梁顶高程逐跨进行实体测量，测量时每横断面测 3～5 点，由设计单位根据恒载和线形要求确定水泥混凝土调平层的立模高程，不得随意增加或减少调平层的厚度。调平层施工前，应将梁板顶面松散混凝土、局部凸出混凝土、浮浆、杂物和油污清理干净，并采用高压风机或高压水枪清洗干净。

第二节 梁板表面浮浆凿毛与清理、清洗

一、基本要求

（1）梁板表面浮浆凿毛，包括对梁板表面及湿接缝处混凝土浮浆进行凿毛，见图 19-1。对湿接缝生锈的钢筋应进行除锈处理。

（2）浮浆凿毛完成后，应采用空压机或气动吹风机强吹以清理表面浮浆，并用高压水枪清洗。

二、施工要点

1. 浮浆凿毛

采用气动凿毛锤按照深度不小于 6mm 及表

图 19-1 湿接缝和梁板表面的水泥浮浆凿毛后效果

面无浮浆的标准进行凿毛。凿毛过程及效果分别见图 19-2、图 19-3。

图 19-2　气动式凿毛机凿毛浮浆

图 19-3　气动式凿毛机凿毛效果

2. 废渣清理

空压机、气动吹风机风力大，能够将桥面浮渣彻底吹干净，效率高，见图 19-4。

3. 表面清洗

高压水枪动力大，水的流速快，能够将桥面浮尘彻底洗干净，效率高，见图 19-5。

图 19-4　采用空压机对桥面凿毛后的混凝土废渣进行清理

图 19-5　采用高压水枪对桥面凿毛后的混凝土表面进行清洗

第三节　梁板预埋筋与调平层钢筋网片焊接

一、基本要求

（1）梁板预埋筋与调平层钢筋网片焊接必须符合《钢筋混凝土用钢　第 3 部分：钢筋焊接网》（GB/T 1499.3—2010）的要求。网片开焊数量不超过整张网片交叉点数的 1%。

（2）钢筋网片按批次进行送检，每一批次应为同一型号、同一原材料、由同一生产设备在同一时间段内生产的合格产品。

（3）钢筋网片应按设计要求设置，利用原预留的门型筋或植入马登筋作为架立钢筋，每平方米按不少于 5 个布设，确保铺装层混凝土保护层厚度满足要求。

（4）一般工艺条件下，为控制水泥混凝土调平层的高程，宜在钢筋网片铺设完成后布设调平层标高带，标高带宜采用槽钢或钢管，根据桥面高程和调平层厚度确定标高带位置和高度。

（5）混凝土调平层中的钢筋网片，建议采用 1m×1m 钢筋头或同标号混凝土垫块架立，保证混凝土保护层满足相关规范要求，且网格间距应不大于 10cm，已安装好的钢筋网片禁止施工人员踩踏和混凝土灌车及其他施工车辆在其上行驶。

二、施工要点

1. 调整预埋门型筋高程

钢筋绑扎前先调整预埋门型筋高程（图 19-6），以确保水泥混凝土调平层钢筋网片的精准定位，确保调平层的平整度和钢筋网片保护层厚度。

2. 钢筋绑扎定位（图 19-7）

钢筋绑扎前先定延米线，然后将植筋拉直固定，施工人员用尺寸线精确定位，用水准仪控制高程。在钢筋铺设完成后对控制高程进行复测，保证成型后网片高程准确。

图 19-6　调整预埋门型筋高程

图 19-7　混凝土调平层钢筋绑扎定位

3. 焊接钢筋网支垫（图 19-8）

将预埋好的连接筋同钢筋网片焊接起来（图 19-9），确保保护层不发生位移，且桥面调平层及梁体的整体性完好。

图 19-8　钢筋网支垫

图 19-9　焊接预埋筋与铺装钢筋网

调平层钢筋网片必须精准定位，严防上浮或下沉，如图 19-10 所示。调平层钢筋网片上浮，导致混凝土保护层厚度不足，对水泥浮浆精铣刨后网片钢筋外露，见图 19-11。

图 19-10　调平层钢筋网片必须精准定位，严防上浮或下沉

图 19-11　调平层钢筋网片上浮，导致混凝土保护层厚度不足，对水泥浮浆铣刨后网片钢筋外露

4. 钢筋焊接

（1）钢筋网片必须与梁顶预留筋焊接牢固。

（2）钢筋网片必须按设计精确定位，使钢筋净保护层厚度控制在设计值 ±5mm 范围内。

（3）严禁施工人员踩踏已安装好的钢筋网片，严禁混凝土罐车及其他施工车辆在桥面上行驶，避免钢筋网下沉。

5. 伸缩缝处槽钢封堵

伸缩缝处采用槽钢封堵，避免混凝土流入梁端，限制梁体伸缩，见图 19-12。

图 19-12　伸缩缝处用槽钢封堵

第四节　调平层混凝土摊铺前准备

一、养护材料准备

浇筑混凝土前，用于养护的土工布、海绵材料必须运送到场，确保能够及时养护。见图 19-13。

二、摊铺设备到位

摊铺设备就位，见图 19-14。

图 19-13　养护材料提前运输到场

a) b)

图 19-14 摊铺设备就位

三、磨光设备到场

浇筑混凝土前，磨光设备也应提前运送到场。见图 19-15。

第五节 调平层混凝土浇筑

一、基本要求

桥面混凝土调平层最好采用纤维混凝土，以增强混凝土的抗裂性能。纤维混凝土工作性能应满足施工要求。

图 19-15 磨光设备提前运送到场

大面积施工前，应将"首件工程认可制"作为施工标准化的"规定动作"，在狠抓标准施工工艺落实的基础上，做好第一道工序和第一件工程，全面推行混凝土集中拌和，按照"精细化"要求，施工全过程坚持标准化。桥面调平层混凝土施工首件工程见图 19-16。

混凝土的运输、浇筑及间歇的全部允许时间之和不宜超出表 19-1 的规定。超出时应按浇筑中断处理，留置施工缝，同时进行记录。

图 19-16 桥面调平层混凝土施工首件工程

混凝土的运输、浇筑及间歇的全部允许时间 (min)　　　表 19-1

混凝土强度等级	气温≤25℃	气温＞25℃
≤C30	210	180
＞C30	180	150

注：当混凝土中掺有促凝剂或缓凝剂时，其允许时间应通过试验确定。

表 19-1 中的"允许时间"是指，从混凝土加水搅拌起计，包括拌和及运输时间、前一层混凝土浇筑时间和后一层混凝土振捣时间。

二、在作业面洒水润湿

混凝土浇筑前应保持桥面湿润，采用罐车加溜槽的方式向工作面输送混凝土，施工过程中严禁向罐车中加水。

混凝土摊铺前梁面洒水润湿见图 19-17。

三、传统混凝土摊铺工艺要求

当调平层混凝土采用泵送、三辊轴整平振捣时，应避免因坍落度过大造成调平层上部或低处浮浆过厚。

（1）根据待浇筑结构物的具体情况、环境条件及浇筑量等制订合理的浇筑方案，对施工缝设置、浇筑顺序、浇筑工具、防裂措施、保护层的控制等作出明确规定。

（2）对支架、模板、钢筋和预埋件等进行检查，模板内的杂物、积水及钢筋上的污物应清理干净。模板如有缝隙或孔洞，应堵塞严密且不漏浆。

（3）对混凝土的均匀性和坍落度等性能进行检测。

（4）在传统浇筑工艺中设置标高带，见图 19-18。

图 19-17　混凝土摊铺前梁面洒水润湿

图 19-18　设置的标高带

四、新型混凝土摊铺工艺要求

钢筋网铺设后，采用激光接收器设定高程，激光接收器接收信号后，传输给液压控制系统，用液压装置通过感应线自动调整高程，保证高程的精准度，且保证混凝土铺装厚度符合设计规定。

激光桁架分体辊轴摊铺工艺，主要解决了混凝土桥面铺装的几大难题：①需要人工安装轨道，费时费力。②人工操作的误差较大，施工的精确度不高。③施工时铺装宽度达不到护栏边缘，设备遇到弯道时只能靠人工控制。

激光桁架分体辊轴摊铺工艺有以下优点：

（1）采用了光感应找平控制系统和液压控制系统，通过激光发射器发出的红外线单坡或双坡扫平

图 19-19 采用全幅自行式布料机,节省人力、布料均匀、质量良好

到激光接收器,再由光感应找平控制系统和液压控制系统把激光接收器反馈的信号转换为液压控制信号,自动调整油缸的高度,使激光桁架分体辊轴一直按照发射出来的信号在平面运行。控制精度可达到 ±2mm 以内,做防护栏之前,在地面可采用自行移动式轨道,施工方便、节省人工。

(2)防护栏做好以后,把轻型的轨道放置在防撞墙上,激光桁架分体辊轴会一直按照发射器给出的高度行走。

(3)在施工过程中,摊铺辊轴特意将辊轴加长到离防撞墙 60~80mm,尽可能摊铺到路面的边缘,减少人工修复,省时省力,且作业表面整体更能达到施工标准。

(4)在遇到弯道时,由于两侧防撞墙高度不一致,在施工时无须做任何调整,油缸的行程可满足在高度相差 250mm 以内的调整,实现无障碍施工。

调平层混凝土浇筑见图 19-19~图 19-21。

在环境相对湿度较小、风速较大的条件下浇筑混凝土时,应采取适当措施防止混凝土表面失水过快。浇筑混凝土期间,应随时检查支架、模板、钢筋、预应力管道和预埋件等的稳固情况,并及时填写混凝土施工记录。

a)

b)

c)

图 19-20 混凝土浇筑

图 19-21 伸缩缝处的细部处理

五、混凝土振捣

混凝土振捣时应注意以下几点：

（1）插入式振动器的移位间距应不超过振动器作用半径的1.5倍，与侧模应保持50~100mm的距离。

（2）表面振动器移位间距应使振动器平板能覆盖已振实部分不小于100mm。

（3）附着式振动器的布置距离，应根据结构物形状和振动器的性能通过试验确定。

（4）每一振点的振捣延续时间宜为20~30s，以混凝土停止下沉、不出现气泡、表面呈现浮浆为度。

六、施工缝处理

施工缝位置应在混凝土浇筑之前确定，宜设置在结构受剪力和弯矩较小、便于施工的部位。对施工缝的处理应符合下列规定：

（1）施工缝处混凝土表面的光滑表层、松弱层应予以凿除，凿毛的最小深度不小于8mm。采用水冲洗凿毛的施工缝时，该处混凝土的强度应达到0.5MPa；采用人工凿除时，强度应达到2.5MPa；采用风动机凿毛时，强度应达到10MPa。

（2）经凿毛处理后的混凝土表面，在新混凝土浇筑前，应采用洁净水冲洗干净。

第六节　调平层混凝土收面

一、基本要求

混凝土摊铺平整后进行刮平处理，对欠料处进行补料，并将多余混凝土铲除。

二、混凝土收面

混凝土摊铺整平以后，收面工作是极其重要的，一般采用座驾式抹光机进行收面。座驾式抹光机具有以下几个特点：

（1）密实度好。整机质量290kg，加上驾驶人员的质量，其工作重力使混凝土的密实度更高。若采用圆盘提浆可使其密实度进一步提高。

（2）平整度好。双盘总体直径达到190cm，其平整范围比单盘大，平整的效果更好。

（3）效率高。动力采用本田GX690汽油四冲程型发动机，提供可靠的动力保障，能够更有力地带动提浆盘提浆，弥补了GX620发动机动力欠佳的缺点；使用重载齿轮箱，增强了转动的力量，工作效率更高。

（4）操作方便。整机低重心设计，操作员的身高不受限制；转向手柄分开式设计，反应灵敏，控制轻松自如，操作方便，减轻了驾驶人员劳动强度。

（5）作业面美观。座驾式抹光机抹面效果是手扶抹光机抹面和人工抹面无法相比的，作业面平整、美观，抹面效果更加显著。

座驾式抹光机抹面见图 19-22。

三、施工要点

（1）收面时间。混凝土接近初凝时开始第二次收面。

（2）平整度控制。收面时要注意表面平整度控制，确保满足相关规范要求。

（3）拉毛时间。收面后及时进行拉毛处理，拉毛时间应根据当日施工温度选择，以手用力下压混凝土无明显痕迹时为宜。

图 19-22　座驾式抹光机抹面

第七节　调平层混凝土养护与质量检测

在混凝土终凝后及时覆盖洒水养护，避免或消除塑性裂缝。

一、基本要求

混凝土调平层施工完成后要立即采用透水土工布覆盖，初凝后立即洒水养护不少于 7d，期间应封闭交通。待混凝土养护完成后及时对桥面铺装接茬进行处理，凿除多余混凝土和表面浮浆。

二、养护要点

（1）调平层混凝土应全覆盖保湿养护，见图 19-23。具体做法是"两布一绵"。即先在调平层上铺一层透水土工布，再铺设一层 5cm 厚的海绵，之后再覆盖一层透水土工布。

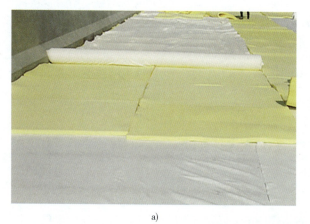
a)

b)

图 19-23　调平层混凝土全覆盖保湿养护

（2）在大于或等于 7d 的养护期内，保持混凝土的湿润状态，以保证混凝土强度正常增长。调平层混凝土成型后，严禁在其表面行车及踩踏，要切实做好成品保护。

三、质量检测

在进行水泥混凝土调平层施工时，应严格检测混凝土的坍落度，使其满足设计要求，保证混凝土具有较好的工作性能。同时，在收面过程中严格控制收面工艺，并用6m直尺纵横向控制平整度和纵横坡，确保混凝土大面平整，彻底消除因局部平整度差或纵横坡交会处的零坡点平整度差而造成的片状积水。

必须按合理工期安排各分项施工。如工期较紧，必须优化桥梁施工方案，尤其是混凝土调平层施工计划，确保混凝土有足够的强度增长期。应杜绝在冬季进行水泥混凝土调平层施工，避免混凝土受冻或强度增长过慢，影响混凝土调平层的质量。

混凝土调平层主要检测项目包括混凝土强度、厚度、平整度、外观等。见图19-24、图19-25。

图19-24　调平层平整度检测

图19-25　强度合格且表面平整、密实、无裂缝的调平层

第八节　桥面泄水管的安装

混凝土调平层施工完成后，要随即安装桥面泄水管，一是保证桥面排水顺畅，二是为调平层水泥浮浆凿毛以及下道工序施工提供场地。

一、泄水管布置与泄水孔洞修复

泄水管不能将桥面水直接下泄至桥下主线，城市道路、铁路或有环保要求的河流，易受冲刷的边坡，桥面排水设计通过纵、横管道将水排至指定位置。

（1）在浇筑梁体混凝土时应预留泄水管位置，如未预留位置，可用取芯设备进行钻孔。

（2）泄水管通常采用铸铁管，最小内径为150mm，泄水管顶部采用铸铁格栅盖，栅盖点焊于漏斗上，铸铁管伸入桥面铺装部分，呈圆孔状，圆孔直径10mm，孔间距25mm，沿圆周均匀分布。

（3）纵向泄水管布设应避开桥梁的伸缩缝或桥面连续缝。

（4）在桥梁伸缩缝的上游方向应增设泄水口，以减少流向伸缩缝的水量。如桥梁位于凹形竖曲线内，此时应减小泄水管的设置间距，增加泄水管的设置数量，在凹形竖曲线最低点及其前后3m处也应各设置一个泄水口，以便迅速排除雨水。泄水管口及其附近应略低于桥面5～10mm，以便排水流畅。

泄水孔洞的修复见图 19-26。

二、泄水管的安装

泄水管安装过高，则只能排出桥面水，渗入沥青混凝土面层结构内部的水会滞留在沥青混凝土中不能排出，行车作用下的动力水会直接侵蚀沥青混凝土。冬季时天气严寒，频繁的冻融循环作用会使沥青混凝土桥面铺装更容易被破坏。

图 19-26　泄水孔洞的修复

（1）泄水管在安装前必须涂刷两次沥青，安装时清理干净桥面铺装混凝土，根据进水格栅尺寸进行凿除，为安装进水格栅创造工作面。

（2）安装泄水管，管子下端应伸出行车道板底面以下至少 200mm。

（3）泄水管安装完成以后，进水口和桥面之间用 C40 细石混凝土填充后安装漏水箅子。

安装成型的桥面泄水孔见图 19-27。

三、注意事项

（1）泄水孔的顶面不宜高于水泥混凝土调平层的顶面，且在泄水孔的边缘宜设渗水盲沟，使桥面上的积水能顺利排出。泄水管的安装应符合设计，并应合理设置泄水口的位置，使排水不会冲刷墩台的基础。

（2）施工时严格控制铸铁管管口的高度，铸铁管管口应低于水泥混凝土调平层顶面 10～20mm。当铸铁管管口低于水泥混凝土调平层的顶面时，能顺利排出桥面铺装中积存的水，反之，桥面铺装中积存的水则无法排出。

（3）施工时注意防漏措施，严禁垃圾和混凝土落入泄水管内。

安装成型的泄水孔（细部）见图 19-28。

图 19-27　安装成型的桥面泄水孔

图 19-28　安装成型的泄水孔（细部）

第九节　桥面伸缩缝临时回填

一、伸缩缝临时回填的必要性与作用

桥梁伸缩缝临时用沥青混合料垫平并碾压密实，让铣刨机、摊铺机等在该处平稳通过，确保平整度和浮浆铣刨效果。见图 19-29。

a)

b)

图 19-29　未回填的伸缩缝

二、伸缩缝临时回填施工

先用铁丝网连接两边预埋钢筋，再用麻袋装上低标号混凝土堵塞，之后填充 8～10cm 厚沥青混合料找平，见图 19-30、图 19-31。伸缩缝临时回填施工效果见图 19-32。

图 19-30　填充 8～10cm 厚沥青混合料

图 19-31　沥青混合料找平碾压

图 19-32　伸缩缝临时回填施工效果

第十节　调平层表面水泥浮浆处治

水泥混凝土调平层受施工因素及配合比等多方面因素的影响，其表面平整度不易达到相关规范

要求，同时表面浮浆也会影响面层与铺装层的良好结合。通过凿毛处理可以解决这些问题，使其各项技术指标满足相关规范要求。

一、水泥浮浆的危害

（1）严重影响桥面沥青铺装与混凝土调平层之间的结合力。

（2）破坏了桥面受力的整体性。

（3）在车辆荷载的反复作用下，桥面沥青铺装层容易出现开裂、松散等病害。

二、水泥浮浆处治目的

1. 预防沥青铺装泛白

水泥浮浆的脆性和水泥混凝土表面凹凸不平，造成水泥浮浆的厚薄不均。当重载车通过或紧急制动时，比较厚的水泥浮浆就会被碾压成粉末状物质，从而在雨水的作用下，上升至沥青混凝土表面，产生比较明显的泛白。

2. 预防调平层和沥青铺装层层间剪切

施工中过度关注混凝土调平层的表面平整度，忽略浮浆处理，将导致调平层和沥青铺装层之间黏结强度较小，高温季节沥青铺装层便容易产生层间剪切破坏。因此，对光滑的调平层必须进行凿毛处理。

3. 防止调平层表面浮浆在运营期被碾碎

调平层表面水泥浮浆如果不彻底凿毛，沥青铺装过程中产生的振动碾压，必定会将其振裂、振碎，形成夹层隐患。运营后，车辆的荷载作用会进一步加剧沥青铺装的破损。见图19-33。

图19-33 养护大修阶段沥青铺装铣刨后，水泥浮浆的危害直接显现

三、水泥浮浆处治要求

1. 凿毛与清理设备

凿毛与清理需配备2台清扫机、5～6台森林灭火器或1台大型吸尘器，清扫废渣，并运输到合适地点进行合理化处治。

2. 凿毛深度

混凝土调平层凿毛宜采用1台大型铣刨机或2～3台甩锤机，大型机械不易凿毛的部位宜采用便携式轻型电动凿毛机具。当采用铣刨机凿毛时，下刀深度不宜超过5mm，且以不损伤粗集料为原则。漏铣部分要采用人工补凿。水泥浮浆铣刨集群化作业见图19-34。

3. 效果检测

凿毛后采用机械清理除尘，以手探无黏尘为度。之后，采用铺砂法检查构造深度，深度宜大于0.5mm。还应重点检查泄水孔、桥面纵向排水沟是否被粉尘堵塞。

a)   b)

图 19-34　水泥浮浆铣刨集群化作业

四、水泥浮浆处治方法

根据桥面实际情况，可分别选择或综合使用精铣刨、甩锤、抛丸等方法进行浮浆处理。

精铣刨、甩锤、抛丸这三种方法各有其优缺点，没有哪一种设备能在同一个项目上解决全部浮浆处理问题。使用时应注意：

（1）采用铣刨机时，应避免大型铣刨机对混凝土桥面及铺装层钢筋产生破坏。

（2）采用甩锤凿毛时，甩锤机必须性能良好，刀头全新，而且凿毛时要有足够的甩击遍数，确保达到 80% 以上的凿毛率后，方可进行下一道工序。

桥面水泥混凝土铺装完成后，应对水泥混凝土铺装层平整度较差的路段采用铣刨机、甩锤机或抛丸机进行表面拉毛，使表面粗糙，然后用空压机等将表面彻底清扫干净，不能存留浮尘，最后进行黏层和封层施工。

在桥面防水施工中，精铣刨因为铣刨深度小，不损伤混凝土集料内部结构，且切削密度高，铣刨表面更加均匀，而且精铣刨机自带激光找平系统，可同时找平横坡和纵坡，并进行坡度修正。相比传统的抛丸法，施工效率更高，处治效果更显著。

下面结合工程实践，对精铣刨法、甩锤法和抛丸法的优缺点进行详述：

1. 精铣刨法

（1）优点：具有局部找平功能，可以铣刨掉高出设计高程的水泥混凝土调平层，确保沥青混合料的厚度和平整度。

（2）缺点：为了顾及铺装层的钢筋网片，局部低点铣刨不到位，仍存留浮浆，而且对精铣刨机的性能要求较高。

精铣刨施工见图 19-35～图 19-41。

图 19-35　水泥混凝土调平层浮浆铣刨

图 19-36　铣刨后必须彻底清理干净

图 19-37　局部低点铣刨不到位，仍存留浮浆

图 19-38　铣刨深度太小，伤及混凝土结构，表面不平整

图 19-39　铣刨作业不得伤及钢筋网片和大幅减少调平层厚度

图 19-40　水泥浮浆的清理采用专用机具进行，确保清理质量

a)

b)

图 19-41　对于局部浮浆，可采用小型机具进行局部处理

2. 甩锤法

（1）优点：设备质量轻，对桥梁造成的振动较小，设备转场方便灵活，可同时开展并机平行、流水作业。

（2）缺点：至少需要进行3～5遍作业，每次作业前都需对前一次的浮渣进行清理。为了节约成本，有些施工人员不愿多次凿毛，容易形成存留浮浆，处理效果差。

甩锤法凿毛施工见图19-42。

图19-42 甩锤法凿毛

甩锤法凿毛时会沿着合成坡度凿毛，有利于桥面排水。见图19-43、图19-44。

图19-43 沿着合成坡度凿毛有利于桥面排水

图19-44 沿着合成坡度凿毛，并将出口接引至桥梁泄水孔，有利于桥面排水

3. 抛丸法

（1）优点：对桥梁造成的振动较小，不仅能"点点、面面"俱到，浮浆处理效果好，而且能发现混凝土铺装层裂纹。

（2）缺点：仅适合平整度很好的桥面，对平整度较差的桥面无法进行局部整平。

采用抛丸法处理桥面水泥浮浆效果见图19-45。

a)

b)

图19-45 采用抛丸法处理桥面水泥浮浆效果

调平层水泥浮浆不同凿毛方法比较，见表 19-2。

调平层水泥浮浆不同凿毛方法比较　　　　　　　　　　　表 19-2

凿毛方法	主要设备	设备外观	凿毛效果	备　注
精铣刨	铣刨机			（1）可大面积找平； （2）构造深度大
甩锤	甩锤机			（1）可基本找平； （2）构造深度较大
抛丸	抛丸机			（1）不能找平； （2）构造深度较小

五、凿毛质量检测

1. 构造深度检测

凿毛施工清扫完毕后，检测现场桥面调平层顶面构造深度，见图 19-46。一般情况下，构造深度大于或等于 0.8mm 即可满足层间凿毛要求。

水泥混凝土调平层浮浆处理质量控制标准见表 19-3。

图 19-46　凿毛后进行构造深度指标检测

水泥混凝土调平层浮浆处理质量控制标准　　　　　　　　表 19-3

项目	质量或允许偏差	检测频度	检验方法
构造深度	大于或等于 0.8mm	凿毛过程及凿毛后及时检测	T0961 JTG 3450—2019
平整度	没有明显凸或凹，3m 直尺最大间隙小于或等于 5mm	需要时	—
清洁度	指触无明显灰尘	每施工段落	目测

2. 凿毛后残渣的清理和清扫

调平层的水泥浮浆凿毛后，必须对残渣进行彻底的清理，并用空压机将桥面清扫干净，见图19-47。处理后效果见图19-48。

图19-47　桥面浮浆处理后必须用空压机清扫干净

图19-48　调平层表面水泥浮浆处理后的效果

六、伸缩缝积水处治方法

运营后伸缩缝上游积水现象比较常见，见图19-49。

建设期预防伸缩缝积水措施一：在湿接缝位置预留泄水孔，见图19-50。

图19-49　运营后伸缩缝上游长期积水造成铺装层及伸缩缝混凝土早期破损

图19-50　建设期预防伸缩缝积水措施一：在湿接缝位置预留泄水孔

建设期预防伸缩缝积水措施二：调平层水泥浮浆凿毛后，在伸缩缝上游一侧湿接缝位置打孔，排出层间积水。见图19-51。

七、凿毛处理对层间黏结性能的影响

大量的检测数据表明，在水泥混凝土调平层凿毛与不凿毛的位置分别钻芯取样，进行层间剪切试验和拉拔试验时发现：经过凿毛处理的水泥混凝土调平层界面纹理更加丰富，粗糙度更高，

图19-51　建设期预防伸缩缝积水措施二：在伸缩缝上游一侧湿接缝位置打孔，排出层间积水

使沥青铺装层与调平层的层间剪切强度较未凿毛的界面提高了45%～50%，层间抗拉拔强度提高了10%～15%。

八、凿毛过程的环境保护

水泥浮浆凿毛过程应采取有效措施保护环境：

（1）选择符合环保要求的施工工艺，避免产生扬尘、废水。见图19-52。

图19-52　要选择符合环保要求的施工工艺，避免产生扬尘、废水

（2）安排专人跟机作业，对产生的扬尘、废水及时处治，避免废水流入河道或农田。

（3）尽量选在雨天作业，避免扬尘污染环境。见图19-53。

九、凿毛后表面裂缝、裂纹的排查与处治

调平层水泥浮浆凿毛后，应利用雨天，对其表面是否存在裂缝、裂纹进行排查。如果出现裂缝或裂纹，必须进行进一步检测。必要时，对存在深度裂缝的调平层进行返工处理。雨天观察到的调平层表面裂纹见图19-54。

图19-53　最好在雨天进行凿毛处理，避免扬尘污染环境

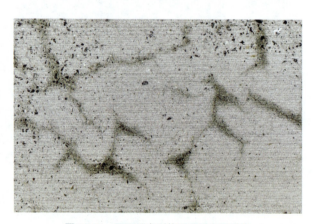

图19-54　雨天观察到的调平层表面裂纹

第二十章
桥面防水黏结层病害预防

本章讲述的防水黏结层，是指为了防止雨水、雪水进入桥面，雨水、雪水浸入桥体，以及其他水对桥体破坏等而铺设的材料层，主要包括洒布在水泥混凝土调平层上的黏层油，黏层油上布设的SBS同步碎石封层、AC-5沥青砂封层等。

由于桥梁梁板及水泥混凝土调平层属于刚性结构，与沥青铺装的层间连续不易形成，因此设置在层间的黏结材料必须具有良好的黏结性能。桥面铺装层在保护桥梁上部结构、保障行驶安全以及提高行驶舒适性方面，具有重要作用。但是，沥青桥面铺装由于具有一定的孔隙率，水很容易渗入和滞留，在温度和荷载的综合作用下，易造成铺装面层的松散、剥落和坑槽破坏，另外水的渗入还会影响桥梁承重结构的耐久性。

第一节　调平层表面黏层油施工

一、在调平层表面喷洒黏层油的目的和作用

通过在水泥混凝土调平层上洒布一定量的乳化沥青，调平层表面具有一定的黏性，加强桥面各层间的结合，对于桥面结构的强度和桥面的承载能力有着重要的影响。

对于水泥混凝土调平层加沥青混合料铺装层的复合式桥面铺装，层间宜设置改性热沥青同步碎石防水层，可起到防水、层间结合、应力吸收的作用。

为了增强防水黏结层与水泥混凝土调平层的黏结性能，在防水黏结层施工前，先在水泥混凝土调平层表面喷洒改性乳化沥青黏层油。

防水黏结层施工前，在水泥混凝土调平层洒布乳化沥青黏层油有三个作用：

1. 吸附灰尘

水泥混凝土调平层在抛丸或精铣刨后，一般要求使用森林灭火器或空压机对整幅桥面进行彻底清洁，去除浮尘。受限于现阶段的施工水平，桥面必然有未完全清洁、存有浮尘的情况，而洒布乳化沥青黏层油后，乳化沥青可融合、吸附局部浮尘，待乳化沥青破乳后，浮尘又被裹覆在沥青里。这样可以保证改性热沥青洒布后，防水黏结层与水泥面板的黏结效果不受局部浮尘的影响。

2. 填充空隙

由于同步碎石封层中的热沥青表面张力大，在水泥调平层表面直接洒布热沥青后，可能导致接触面某些细微空间中无沥青分布，从而影响防水黏结层的黏结效果。而乳化沥青表面张力小，可以浸润接触面的所有空间，从而保证防水效果。

3. 防水黏结

水泥浮浆凿毛后，水泥混凝土调平层表面存在大量的细微缝隙，这些缝隙可能影响整个桥面的防水效果，而洒布乳化沥青可以起到封缝作用。

在水泥混凝土调平层的表面喷洒黏层油，见图20-1。

图20-1　在水泥混凝土调平层的表面喷洒黏层油

二、黏层油施工质量控制要点

1. 黏层油质量控制

黏层油必须严格按照相关规范进行生产与存储。施工过程中不得在合格的黏层油材料里随意添加水分。

2. 黏层油洒布质量控制

（1）施工前应进行试洒，以确定洒布车工作参数。

（2）喷洒时要控制车速，严禁忽快忽慢，造成黏层油洒布量不足或过量。在干燥的调平层表面洒布SBR改性乳化沥青黏层油，乳化沥青洒布量$0.3 \sim 0.5 kg/m^2$是将水泥混凝土调平层"洒黑"的最小洒布量。喷洒分两次进行，每次喷洒量为$0.3 kg/m^2$。待第一次喷洒的黏层油完全破乳后，再进行第二次喷洒，总量控制在$0.6 kg/m^2$。洒布量检测见图20-2、图20-3。

图20-2　黏层油洒布量检测布置点位

图20-3　黏层油洒布量现场检测

3. 黏层油施工现场管理

（1）在黏层油洒布前$1 \sim 2d$内，用强力清扫车对调平层顶面进行清理，然后用强力吹风机吹除浮尘。清扫完毕并验收合格后方可进行黏层油洒布作业。

（2）施工前、中、后均应进行交通管制，防止非施工车辆进入和污染作业面。同时，对周围结构物进行有效的防污染保护。

在水泥混凝土调平层的表面喷洒黏层油的效果见图20-4～图20-6。

图20-4　在水泥混凝土调平层的表面喷洒黏层油的效果（细部）

图 20-5　黏层油双层洒布效果（全景）

图 20-6　桥面防水黏结层

第二节　同步碎石封层施工

一、在调平层上设置同步碎石封层的目的和作用

在黏层油的基础上铺设同步碎石封层，可进一步加强调平层和沥青铺装层的结合，从而提升桥面的整体性能，使桥面具备承受更大荷载的能力。

在我国沥青路面的设计中，封层可以看成一个层间过渡，使得刚性调平层和柔性沥青铺装层很好地连接。

作为防水黏结层的同步碎石封层，可以强化界面之间的黏结，防止水分进入桥面，延长桥面使用寿命。在 SBS 改性沥青上撒布碎石的作用是，防止运输车辆、摊铺设备对 SBS 改性沥青的破坏，并防止沥青结团和 SBS 改性沥青进入沥青铺装层的沥青混合料内部，产生泛油病害。

二、同步碎石封层施工工艺

1. 黏层油表面除尘

使用森林灭火器等设备，提前对黏层油表面除尘，使其表面干净，无浮尘。

2. 沥青与碎石洒（撒）布

采用同步碎石封层车，进行沥青和碎石同步洒（撒）布。

3. 碾压

在撒布碎石后采用小吨位胶轮压路机碾压 2～3 遍，速度不宜过快，使碎石和沥青充分黏结。

三、同步碎石封层施工注意要点

（1）SBS 同步碎石封层所用碎石粒径一般以 4.75～9.5mm 为宜，必须通过拌和楼拌和、除尘。

（2）SBS 改性沥青用量不宜过大，一般为 1.0～1.2kg/m^2。采用橡胶沥青碎石封层时，橡胶沥青用量一般为 2.1～2.3 kg/m^2，具体应通过试洒验证后确定。

（3）碎石覆盖率一般按施工季节进行适当调整，以运输车辆不黏结轮胎为宜。春秋季宜为 60%～70%，夏季宜为 70%～80%。

同步碎石封层施工效果见图 20-7。撒布均匀、质量良好的 SBS 同步碎石封层见图 20-8，橡胶沥青碎石封层见图 20-9。

图 20-7　同步碎石封层施工效果

图 20-8　撒布均匀、质量良好的 SBS 同步碎石封层

第三节　AC-5 沥青砂混合料防水黏结层施工

AC-5 沥青砂混合料经碾压成型后，是一种致密性非常好的沥青混凝土结构。由于其组成材料的粒径很小，油石比很大，摊铺在桥面水泥混凝土调平层上，具有非常好的防水黏结和找平作用。

图 20-9　橡胶沥青碎石封层

一、AC-5 沥青砂混合料配合比设计

AC-5 沥青砂混合料配合比设计步骤如下：首先，进行目标配合比设计；其次，进行生产配合比设计，生产配合比设计时采用目标配合比最佳沥青用量及最佳沥青用量 ±0.3% 三种油石比成型马歇尔试件，测试试件体积及力学指标；最后，确定生产配合比，并进行试拌试铺。

AC-5 沥青砂混合料及其试件见图 20-10、图 20-11。

图 20-10　AC-5 沥青砂混合料

图 20-11　AC-5 沥青砂混合料试件

二、AC-5 沥青砂混合料拌和

AC-5 沥青砂混合料采用间歇式沥青拌和楼拌和。

拌和前，必须对拌和楼的筛网进行全面检查，见图 20-12、图 20-13，防止筛网破损引起超规格材料进入 AC-5 沥青砂混合料，影响现场摊铺厚度的控制。

图 20-12 AC-5 沥青砂混合料拌和前全面检查拌和楼的筛网

图 20-13 拌和楼筛网尺寸应尽量一致

沥青混合料在拌和过程中要随时进行检测，拌和好的混合料应均匀一致，无花白料，无结团现象。

三、AC-5 沥青砂混合料运输

AC-5 沥青砂混合料采用性能良好的大吨位专用沥青混合料运输车运输。混合料装载前，要对车辆进行认真清理，不得夹杂泥土、粉尘和大颗粒物，在车厢内壁均匀涂抹隔离剂，运输车要覆盖保温篷布，并固定牢固。见图 20-14。

四、AC-5 沥青砂混合料摊铺

（1）摊铺可采用全断面单机摊铺。

（2）混合料摊铺前，应对摊铺设备进行认真检查，包括设备性能，熨平板的表面是否黏附有大颗粒物，振动与夯锤的工作是否正常等。

（3）混合料摊铺前，应在熨平板表面喷涂少量的隔离剂，并对熨平板进行全断面均匀加热，避免摊铺机起步后，混合料出现拉毛、搓板等摊铺缺陷。

（4）合理控制混合料摊铺速度，使其达到最佳摊铺效果。在摊铺机起步阶段，速度控制在 0.5～1m/min 范围内。待摊铺机布料正常、摊铺面均匀无缺陷后，应调整摊铺速度，速度控制在 2～3m/min 即可。

AC-5 沥青砂混合料摊铺见图 20-15。

图 20-14 AC-5 沥青砂混合料运输车覆盖保温篷布

图 20-15 AC-5 沥青砂混合料摊铺

五、AC-5 沥青砂混合料碾压

初压采用双钢轮振动压路机静压，复压采用轮胎压路机碾压，随之采用双钢轮振动压路机静压收面。碾压速度与摊铺速度匹配即可。

由于 AC-5 沥青砂混合料摊铺层厚度仅为 10mm 左右，压路机的自重足以使其达到密实状态，无须使用振动压实。

AC-5 沥青砂混合料碾压见图 20-16。AC-5 沥青砂防水效果见图 20-17。

图 20-16 AC-5 沥青砂混合料采用双钢轮压路机初压、轮胎压路机复压

图 20-17 AC-5 沥青砂混合料防水效果

六、AC-5 沥青砂混合料在桥面上的应用

2011 年陕西省西安至商州高速公路桥面 SMA-13 铺装层施工时，在长大纵坡段的单幅 25 处共 6.8km 的桥面铺装采用铣刨 + 清理 +SBR 改性乳化沥青黏层油 +AC-5 沥青砂混合料 + SBR 黏层油 +AC-20 下面层 + SBR 改性乳化沥青黏层油 + SMA-13 上面层结构。通车 10 年来，桥面铺装黏结牢固，无推移、拥包、车辙等病害发生，见图 20-18。

采用 AC-5 沥青砂混合料作为防水黏结层的 OGFC-13 排水性桥面铺装见图 20-19。

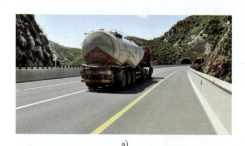

a)

b)

图 20-18 采用 AC-5 沥青砂混合料作为封层的桥面运营 10 年仍平整、密实无病害

图 20-19 采用 AC-5 沥青砂混合料作为防水黏结层的 OGFC-13 排水性桥面铺装

西安至商州高速公路桥面 AC-5 沥青砂混合料防水黏结层施工段落见表 20-1。

西安至商州高速公路桥面 AC-5 沥青砂混合料防水黏结层施工段落一览表　　表 20-1

序号	中心桩号	位置	宽度（m）	长度（m）	沥青砂混合料面积（m²）
1	K49+318.5	右幅	14.9	41	610.9
2	K49+317.61	左幅	14.9	20.8	309.92
3	K49+510.5	右幅	14.9	301	4484.9
4	K49+510.5	左幅	14.9	288	4291.2
5	K50+155	右幅	14.9	941	14020.9
6	K50+153	左幅	14.9	940	14006
7	右线 K51+317.11	右幅	14.9	1092	16270.8
8	左线 K51+316.45	左幅	14.9	1092	16270.8
9	右线 K51+982.5	右幅	14.9	116	1728.4
10	左线 K51+986	左幅	14.9	117.5	1750.75
11	右线 K52+169.5	右幅	14.9	116	1728.4
12	左线 K52+142.5	左幅	14.9	115.8	1725.42
13	右线 K52+322.5	右幅	14.9	106	1579.4
14	左线 K52+332.5	左幅	14.9	112	1668.8
15	右线 K52+646	右幅	14.9	210.8	3140.92
16	左线 K52+606	左幅	14.9	180.4	2687.96
17	右线 K52+986.5	右幅	14.9	60.8	905.92
18	左线 K52+976	左幅	14.9	62.8	935.72
19	右线 K53+440	右幅	14.9	100.8	1501.92
20	左线 K53+451	左幅	14.9	140.4	2091.96
21	右线 K53+985	右幅	14.9	60.8	905.92
22	左线 K53+998	左幅	14.9	100.8	1501.92
23	右线 K54+707	右幅	14.9	92.8	1382.72
24	左线 K54+712	左幅	14.9	92.8	1382.72
25	右线 K55+810	右幅	14.9	386.8	5763.32
合计		—	双向 6 车道	6889.1	102647.59

第二十一章 桥面沥青铺装施工病害预防

第一节 桥面纵向起伏病害预防

一、桥面纵向起伏的危害

在公路桥梁中，刚构桥的高程较难控制，如果下部施工误差持续累积，将严重影响桥面铺装的质量，造成沥青铺装的厚度严重不均，形成病害隐患。

某刚构桥高程控制偏差较大，造成桥面与护栏高低起伏，见图 21-1。某刚构桥面铺装纵向起伏较大，见图 21-2，影响行车安全和舒适性。

二、预防措施

以某高速公路高架桥为例，刚构桥沥青下面层铺筑后平整度差，产生纵向起伏，采取的预防处理措施：

（1）测量高程后调整纵坡。对下面层平整度差的路段进行高程测量，并微调整纵坡。

（2）施画基准线并对高点铣刨。目测画线后的桥面平整情况，对高点标记后进行铣刨处理。小型铣刨机的刀头见图 21-3。局部铣刨的效果见图 21-4。

图 21-1 某刚构桥高程控制偏差大，造成桥面与护栏高低起伏

图 21-2 某刚构桥面铺装纵向起伏较大

图 21-3 小型铣刨机的刀头

（3）拌和细粒径混合料在低点铺筑。采用 AC-13 混合料对低洼处进行先期填补，为上面层铺筑提供基础保障。

图 21-5 反映了经过综合处理的刚构桥沥青上面层平整度情况。

图 21-4　采用小型铣刨机进行局部铣刨的效果

图 21-5　经过综合处理的刚构桥沥青上面层平整度良好

第二节　桥面沥青铺装下面层施工病害预防

在桥面沥青下面层施工中，重点注意以下几个方面：

一、桥面排水施工

（一）基本要求

（1）桥面排水系统必须与其他排水系统相结合，禁止直接冲刷锥坡。

（2）跨线桥和上跨桥的排水严禁采用散排、直排形式，宜将雨水汇集后由桥头锥坡处急流槽排出或采用整体排水方式，在泄水管底部处连接 PVC 管引至路基排水系统。

（二）桥面碎石盲沟的回填

1. 碎石盲沟的布置

（1）在下面层施工完毕后，必须沿泄水孔布设纵向碎石盲沟（图 21-6），盲沟宽度一般为 10cm，与下面层等厚。

（2）碎石盲沟一般布置在路面较低一侧的防撞墙边，先铺沥青混凝土中层，待碾压成型后，在离防撞墙 10cm 处锯缝，然后清除沥青混合料，换填粒径为 2～3cm 的单一粒径碎石，再铺设沥青混凝土上面层。

在桥面泄水孔一侧纵向设置碎石盲沟，采用

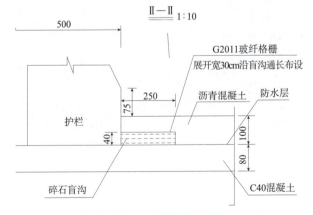

图 21-6　桥面碎石盲沟设计（尺寸单位：mm）

300cm×12cm×6cm 钢模板平铺，内侧支设方木块，以保证盲沟宽度，见图 21-7。下面层施工时一侧以钢模板为支挡，另一侧以桥梁护栏为支挡，确保下面层宽度满足设计要求。

2. 碎石盲沟施工要点

填充碎石时，其高度不得大于桥面下面层，宜与下面层平齐或略微低于下面层5mm。

碎石盲沟所用碎石必须为干净、整洁的单级配碎石，粒径以20～30mm为宜，碎石中不得含有泥块、风化料等杂质。见图21-8。

图21-7 下面层摊铺前，在桥面泄水孔一侧预留碎石盲沟位置

图21-8 盲沟所用碎石必须为干净、整洁的单级配碎石，粒径以20~30mm为宜

二、同步碎石封层的保护

为了对同步碎石封层实施有效的保护，运输车辆抵达施工现场后，应在规定位置掉头，倒车至摊铺机前方，等待摊铺。见图21-9。

三、高程控制

在平整度满足要求的防水黏结层上铺筑沥青下面层时，可采用非接触式平衡梁控制摊铺高程和厚度，见图21-10。

图21-9 运输车辆在规定位置掉头，倒车至摊铺机前方，等待摊铺

图21-10 采用非接触式平衡梁控制摊铺高程和厚度

四、温度控制

实时检测混合料的摊铺温度，见图21-11。

五、离析控制

沥青铺装下面层的集料粒径相对上面层较大，施工过程中，对离析控制的效果直接影响混合料抵抗水损害的能力。为有效控制离析,采用大宽度摊铺机单幅一次性铺筑桥面下面层,见图 21-12。

图 21-11 实时检测混合料的摊铺温度

图 21-12 采用大宽度摊铺机单幅一次性铺筑桥面下面层

六、压实度控制

采用振荡压路机与振动压路机、轮胎压路机组合碾压,能够取得良好的压实度。

桥面沥青铺装下面层碾压情况见图 21-13。

a)

b)

图 21-13 桥面沥青铺装下面层碾压

七、下面层质量检测

下面层施工完成后,要及时进行主要指标检测,见图 21-14～图 21-16。

图 21-14 下面层厚度、压实度检测

图 21-15 下面层渗水系数检测

　　a)　　　　　　　　　　　　　　　b)

图 21-16　下面层平整度检测

第三节　桥面沥青铺装黏层油施工病害预防

　　一般来说，当沥青铺装下面层与上面层连续铺筑时，不需要喷洒黏层油。除此之外，在沥青上面层施工前，均需要在下面层喷洒黏层油。

一、洒布黏层油的目的

洒布黏层油是为了有效提高沥青铺装上、下面层之间的层间黏结能力。

二、洒布黏层油的注意事项

（1）洒布黏层油前，需要清除下面层的灰尘、杂物等，当出现不易清除的污垢或泥土时，可以用适量水进行擦洗。清洗干净后，让其完全风干，待表面干燥后再进行黏层油的洒布。

（2）洒布黏层油前，需要对环境温度进行观测，当环境温度低于10℃时，应停止洒布，其他恶劣气候环境时，均不能洒布黏层油。

（3）沥青洒布设备应采用全智能型沥青洒布车，洒布车在洒布前，需要对装置进行检查，确保沥青循环搅拌装置能良好运行，喷嘴尺寸大小适宜。

（4）当洒布量为 0.6kg/m² 时，可分双层洒布，每层洒布量为 0.3kg/m²。

黏层油双层洒布及结构层整体黏结情况见图 21-17～图 21-19。

图 21-17　黏层油双层洒布

图 21-18 黏层油洒布后的封水效果

图 21-19 沥青铺装上、下面层牢固地黏结成整体

第四节　桥面沥青铺装上面层施工病害预防

桥面沥青铺装上面层是承受车辆荷载和经受自然气候条件考验的表层结构，其耐久性影响桥面的使用寿命。

上面层施工工艺与路基段基本相同。由于施工中总是存在一定偏差，铺筑成型的沥青铺装下面层或多或少都存在一定的缺陷，比如，桥面积水（图 21-20），桥隧接合部、路桥接合部等路段的平整度问题，桥面局部离析问题等。为解决这些问题，需要在铺筑上面层之前进行缺陷修复，为铺筑优质耐久的沥青铺装上面层提供坚实的基础。

一、上面层积水处理

上面层施工前，应在桥梁合适位置增加泄水孔，以快速排出桥面积水，见图 21-21。

图 21-20　上面层桥面积水

图 21-21　增加泄水孔是解决桥面积水的有效途径

二、上面层平整度修复

上面层施工前，应按照相关技术规范和设计文件的要求对下面层平整度进行检测，发现平整度

缺陷应及时进行局部铣刨修复处理。见图 21-22。

三、局部离析处治

并机作业产生的纵向离析带见图 21-23。对离析带单独喷洒黏层油，封闭空隙，以起到防水作用，见图 21-24。

应避免在成型的上面层上进行缺陷修复，见图 21-25。

图 21-22　对下面层的平整度进行全面检测，对不合格部位进行微铣刨处理

四、边部防水处理

在桥梁横坡较高一侧边部 20～30cm 宽度范围内喷洒热沥青，防止边部碾压不实导致渗水。见图 21-26。

图 21-23　并机作业产生的纵向离析带

图 21-24　对离析带单独喷洒黏层油，封闭空隙，以起到防水作用

图 21-25　应避免在成型的上面层上进行缺陷修复

图 21-26　边部防水处理效果

五、混合料摊铺要点

（1）桥面沥青铺装混合料摊铺温度较路基段提高 5～10℃，自卸车辆必须全覆盖保温运输。

（2）摊铺机前方有足够的混合料，确保连续摊铺。

（3）桥面沥青铺装混合料摊铺速度应比路基段慢，按 1.5～1.8m/min 控制。

混合料摊铺见图 21-27。

六、混合料压实要点

1. 设备组合

沥青铺装上面层应采用振动压路机和振荡压路机相结合的方式压实。

图 21-27　桥面沥青铺装上面层摊铺

2. 碾压温度

由于桥面处于悬空状态，因此，沥青铺装混合料碾压温度应该比路基段提高 5～10℃。

3. 碾压速度

碾压必须及时，否则混合料不容易碾压密实，容易产生渗水现象，造成桥面早期破损。桥面沥青铺装上面层碾压见图 21-28、图 21-29。

图 21-28　桥面沥青铺装上面层碾压（AC 类混合料）

图 21-29　压路机紧跟摊铺机碾压（SMA 类混合料）

七、平整度控制

（1）控制摊铺机的初始密实度，使其始终保持相对稳定。摊铺速度应均匀，不得忽快忽慢。

（2）摊铺机尽量连续摊铺，不停机。

（3）同一个作业面，尽量使用同品牌、同规格型号的压实设备，使其压实功尽量一致。

（4）每日作业进度尽可能快，上面层每日施工进度至少为 1500m，确保通车后行车舒适。

（5）精准计算混合料用量，将横向施工缝留在临时伸缩缝内，后期安装伸缩缝时，就会切除这一横缝。

（6）施工过程中全程巡视，加强检测，对不平整处，及时组织修复。

现场巡查、紧跟压路机及时检测与修复碾压，见图 21-30、图 21-31。

八、与伸缩缝衔接要点

（1）伸缩缝与桥梁结构同步完成施工，后进行沥青铺装上面层施工，见图 21-32。优点是结构整体性好。缺点是施工难度大,不易控制沥青铺装层的平整度,容易在伸缩缝位置产生跳车现象,不易保证伸缩缝附近的沥青混合料压实度。

图 21-30　现场巡查

图 21-31　紧跟压路机及时检测与修复碾压

（2）伸缩缝与桥梁结构分开施工,先进行沥青铺装上面层施工,后进行伸缩缝安装,其优点是施工方便,容易控制沥青铺装上面层的平整度、压实度。

先进行桥面上面层施工,后进行伸缩缝安装,见图 21-33～图 21-39。

a)

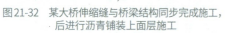
b)

图 21-32　某大桥伸缩缝与桥梁结构同步完成施工,
后进行沥青铺装上面层施工

图 21-33　进行沥青铺装上面层施工

图 21-34　桥面伸缩缝施工准备

图 21-35　伸入桥隧接合部的梳齿形伸缩缝

图 21-36 施工成型的大型梳齿形伸缩缝

图 21-37 施工成型的小型梳齿形伸缩缝

图 21-38 施工成型的常规型伸缩缝

图 21-39 沥青铺装上面层与伸缩缝紧密结合，表面平整

九、质量控制与检测验收

1. 集料质量检测

粗、细集料的质量检测，依据现行相关规范的规定进行。其外观质量见图 21-40～图 21-44。

图 21-40 粒径为 9.5～19mm 集料

图 21-41 粒径为 4.75～9.5mm 集料

2. 改性沥青质量检测

改性沥青的质量依靠基质沥青、改性剂的质量和成熟的改性工艺来保证。SBS 改性剂掺量的检测见图 21-45。

3. 试验室及施工现场质量检测

试验室及施工现场应进行的质量检测项目及其试件见图 21-46～图 21-54。

图 21-42　粒径为 2.36～4.75mm 细集料

图 21-43　粒径为 0～2.36mm 的机制砂

图 21-44　原材料样品存留

图 21-45　SBS 改性剂掺量检测

图 21-46　混合料马歇尔试件

图 21-47　混合料车辙试验试件

图 21-48　混合料试件

图 21-49　桥面沥青铺装平整度检测

图 21-50　现场钻芯试件

图 21-51　现场钻芯的标准化回填

图 21-52　桥面沥青铺装外观

图 21-53　雨天桥面沥青铺装外观

图 21-54　港珠澳大桥沥青铺装施工效果

4. 桥面沥青铺装上面层施工过程质量控制

桥面沥青铺装上面层施工过程质量检测项目及频率见表 21-1。

桥面沥青铺装上面层施工过程质量检测项目及频率　　　表 21-1

项次	检测项目		规定值或允许值	检测方法和频率
1	混合料	油石比	最佳油石比 ±0.2%	抽提法、燃烧法
2		矿料级配	符合工程级配范围要求	—
3		施工温度	符合要求	插入式热电偶温度计，3 点/断面/每 10m
4	压实度		试验室标准密度的 98%，最大理论密度的 94%	按《公路沥青路面施工技术规范》（JTG F40—2004）附录 B 检查，每 500m 测 1 处
5	厚度	代表值	总厚度：设计值的 -5% 上面层：设计值的 -10%	按规范附录检查，双车道每侧处
6	平整度	最大间隙	3mm	《公路路基路面现场测试规程》（JTG 3450—2019），连续测定
7	宽度		±20mm	尺量：每 200m 测 4 断面
8	横坡		±0.3%	水准仪测：每 200m 测 4 处

5. 质量检查与验收

桥面沥青铺装上面层完成后应进行质量检查与验收。

成型的桥面铺装上面层效果见图 21-55～图 21-58。

图 21-55　成型桥面铺装效果

图 21-56　成型桥面铺装在雨天的效果

图 21-57　平整密实、集料分布均匀的 SMA 表面

图 21-58　SMA-13 上面层芯样

第二十二章
桥面沥青铺装精细化施工管理

第一节 概述

桥面沥青铺装精细化施工管理旨在提升工程质量，提高桥面的耐久性，杜绝运营期出现早期病害。

一、桥面铺装总体要求

《公路桥涵施工技术规范》(JTG/T 3650—2020)对沥青混凝土桥面铺装的规定如下：

(1)铺装的层数和厚度应符合设计规定，铺装前应对桥面进行检查，桥面应平整、粗糙、干燥、整洁。

(2)沥青混凝土桥面铺筑前应洒布黏层沥青。

(3)沥青混凝土的配合比设计、铺筑及碾压等施工，应符合《公路沥青路面施工技术规范》(JTG F40—2004)的有关规定。

除了规范要求外，交通运输部提出的"品质工程"也对桥面铺装提出了要求，其具体内涵包括：

(1)建设理念体现以人为本、本质安全、全寿命周期管理、价值工程等。

(2)管理举措体现精益建造导向，突出责任落实和诚信塑造，深化人本化、专业化、标准化、信息化和精细化。

(3)技术进步展现科技创新与突破，先进技术理论和方法得以推广运用，包括先进适用的新技术、新工艺、新材料、新装备和新标准的探索与完善。

(4)质量管理以保障工程耐久性为基础，体现建设与运营维护相协调，工程与自然人文相和谐，工程实体质量、功能质量、外观质量和服务质量均衡发展。

(5)安全管理以追求工程本质安全和风险可控为目标，促进工程结构安全、施工安全和使用安全协调发展。

(6)工程建设坚持可持续发展，体现在生态环保、资源节约和节能减排等方面取得明显成效。

为了实现上述目标，在水泥混凝土桥面沥青铺装施工中，必须强化技术和现场管理。要实现桥面沥青铺装的长寿命目标，就必须在项目建设期，从桥梁的梁板预制到桥面沥青铺装上面层施工全程坚守质量底线红线。

桥面铺装应坚持桥梁梁板、水泥混凝土调平层、防水黏结层、沥青铺装层这四个层位的"材料、结构、设备、工艺"施工精细化管理。

二、桥梁梁板、调平层、防水黏结层与沥青铺装施工工序

在项目建设期间,桥梁梁板、调平层、防水黏结层与沥青铺装施工工序较多,需要层层把关,把控好质量,方可确保桥面沥青铺装的耐久性。其工序见图 22-1。

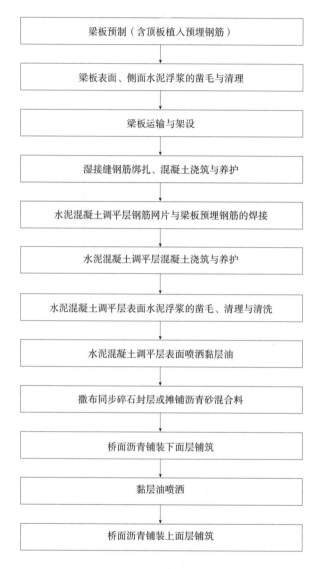

图 22-1 桥梁梁板、调平层、防水黏结层与沥青铺装施工工序图

三、桥梁梁板预制、架设及调平层施工的基本要求

（1）预制梁强度必须满足要求。

（2）预制梁无论腹板还是顶板,均不得产生裂缝。

（3）预制梁板的顶板厚度、表面平整度必须满足要求。

（4）预制梁板的顶面必须预埋连接钢筋,以便与调平层钢筋网片焊接。

（5）预制梁板的顶面浮浆必须彻底处理,避免在调平层之间形成夹层。

（6）预制梁板运输时必须确保梁体结构完好,不得产生撞击、磕碰等。

（7）预制梁板纵、横向安装均应平顺,避免调平层厚度不均匀。

（8）调平层钢筋网片定位应准确、牢固，避免混凝土浇筑振捣时钢筋网片上浮或下沉。调平层钢筋裸露情况见图22-2。

（9）调平层的厚度应满足设计要求，并尽量保持均匀。

（10）调平层混凝土应保水保湿养护，杜绝产生裂纹甚至裂缝。

图22-2　调平层钢筋裸露

四、桥面沥青铺装施工基本要求

（1）严禁在强度不满足要求的调平层上强行铺筑沥青铺装层。水泥混凝土调平层施工完成，并有效养护28d后，方可进行下道工序施工。要合理安排桥面铺装施工计划，为伸缩缝施工提供作业面。

（2）调平层顶面的水泥浮浆必须彻底处理，避免在沥青层之间形成夹层。

水泥浮浆处理必须进行验收。水泥浮浆未处理彻底或废渣、粉尘清理不干净时，严禁铺筑沥青下面层。

（3）为避免调平层表面积水，应在处理水泥浮浆时沿着合成坡度方向进行斜向凿毛。

（4）喷洒黏层油前，采用强力清扫车或钢刷清理浮尘，并用空压机吹净，不得产生"两张皮"。如清扫不干净，易造成层间剪切，进而导致上、下两层出现滑动开裂，见图22-3。

（5）喷洒黏层油前调平层必须干燥，且不得在大风天气下喷洒。施工前应对钢板护栏立柱、桥梁两侧护栏石等采取覆盖措施，防止污染。见图22-4。

图22-3　层间剪切导致上、下两层出现滑动开裂

图22-4　黏结层施工应做好桥梁防污染措施（覆盖塑料布）

（6）防水黏结层必须与调平层紧密粘贴，不得产生夹层，不得产生污染。

（7）沥青铺装混合料组成、级配、油石比、压实度等必须严格控制，满足相关规范要求。

（8）桥面宜采用单机半幅全宽摊铺，避免产生纵向冷接缝。采用并机作业时要注意搭接宽度，重叠较多则会产生离析、渗水等病害。见图22-5。

（9）混合料摊铺时严禁使用运输车辆的边角料，洒落在摊铺机料斗以外的混合料必须铲除干净，避免因压实度不足产生坑槽。

（10）为避免混合料漏压或过压，沥青铺装严禁夜间施工。

（11）沥青铺装层严禁在低温下施工。

（12）沥青铺装施工中应连续作业，摊铺、碾压必须做到人停机不停。

（13）上面层横向接缝尽可能布置在桥梁伸缩缝处。

（14）施工接缝必须用帆布和彩条布垫在下承层上。设备检修时也必须铺彩条布，防止污染路面。

图 22-5　并机作业时要注意搭接宽度，重叠较多则会产生离析、渗水等病害

（15）施工前、中、后，均须进行交通管制。在作业面位置设置交通管制警示栏杆，并派专人看守路口，防止车辆冲入作业面。

（16）对成型路面进行有效管护，严防路面污染和破坏。

①严防交通工程打桩机械柴油泄漏对路面造成污染。

②严禁在已铺设好的沥青面层上拌和砂浆，造成路面永久性污染。

③严禁工程机械直接在铺筑好的沥青铺装上面层行驶，若有机械调遣时必须使用平板车运输。

④交通工程的标志、标线施工时，严禁涂料污染路面。安装标志的起重设备，必须支垫足够面积的方木，以防压坏路面。

第二节　原材料加工与精细化管理

《公路沥青路面施工技术规范》（JTG F40—2004）对沥青混合料材料作了相关规定。

一、矿料

1. 粗集料

粗集料包括碎石、破碎砾石、筛选砾石、钢渣、矿渣等，高速公路和一级公路不得使用筛选砾石和矿渣。粗集料必须由具有生产许可证的采石场生产或施工单位自行加工。

粗集料应该洁净、干燥、表面粗糙，质量应符合相关规定。对受热易变质的集料，宜经拌和机烘干后进行检验。

采石场在生产过程中必须彻底清除覆盖层及泥土夹层。生产碎石用的原石不得含有土块、杂物，集料成品不得堆放在泥土地上。

粗集料与沥青的黏附性应符合相关要求，当使用不符合要求的粗集料时，宜掺加消石灰、水泥或用饱和石灰水进行处理，必要时可同时在沥青中掺加耐热、耐水、长期性能好的抗剥落剂，也可采用改性沥青，使沥青混合料的水稳定性检验达到要求。掺加外加剂的剂量由沥青混合料的水稳定性检验确定。

优质的碎石材料是确保沥青桥面铺装耐久性的关键因素之一。项目建设管理处组织的料场考察见图22-6～图22-10。

2. 细集料

细集料包括天然砂、机制砂、石屑。细集料必须由具有生产许可证的采石场、采砂场生产。

图22-6 料场考察

图22-7 母岩考察

图22-8 加工设备考察

图22-9 加工工艺（集料防离析技术）考察

图22-10 材料规格（细部）考察

细集料应洁净、干燥、无风化、无杂质，且颗粒级配适当，其质量应符合相关规定。细集料的洁净程度，天然砂以粒径小于0.075mm含量的百分数表示，石屑和机制砂以砂当量（适用粒径0～4.75mm）或亚甲蓝值（适用粒径0～2.36mm或0～0.15mm）表示。

热拌密级配沥青混合料中天然砂的用量通常不宜超过集料总量的20%，SMA和OGFC混合料不宜使用天然砂。

机制砂宜采用专用的制砂机制造，并选用优质石料生产，其级配应符合相关要求。

3. 填料

沥青混合料的矿粉必须采用石灰岩或岩浆岩中的强基性岩石等憎水性石料经磨细得到的矿粉，原石料中的泥土杂质应除净。矿粉应干燥、洁净，能自由地从矿粉仓流出。

封闭式矿粉加工厂、加工设备及加工效果分别见图 22-11、图 22-12、图 22-13。

粉煤灰作为填料使用时，用量不得超过填料总量的 50%，粉煤灰的烧失量应小于 12%，与矿粉混合后的塑性指数应小于 4%，其余质量要求与矿粉相同。高速公路、一级公路的沥青面层不宜采用粉煤灰做填料。矿粉的质量应符合相关要求。

图 22-11　封闭式矿粉加工厂

图 22-12　矿粉加工设备

图 22-13　矿粉加工效果

4. 进场材料管理要求

只有对进场材料进行规范管理，才能实现材料质量管理的"最后一公里"。从料场建设到材料分类堆放，都要体现精细化、标准化。见图 22-14～图 22-16。

二、沥青材料

（1）道路石油沥青的质量应符合相关规定，各个沥青等级的适用范围也应符合相关规定。

（2）沥青路面采用的沥青标号，宜按照公路等级、气候条件、交通条件、路面类型及在结构层中的层位和受力特点、施工方法等，结合当地使用沥青的经验，经技术论证后确定。

图 22-14　在集料棚下设置排水盲沟，确保场地基础牢固

①对高速公路、一级公路，夏季温度高、高温持续时间长、重载交通、山区及丘陵区上坡路段、

图 22-15　在集料棚的隔墙上设置集料样品盒,确保材料分类堆放

图 22-16　不定期进行集料质量检查或检测

服务区、停车场等行车速度慢的路段,尤其是汽车荷载剪应力大时,宜采用稠度大、60℃黏度大的沥青,也可提高高温气候分区的温度水平后再选用与之对应的沥青等级;对冬季寒冷的地区或交通量小的公路、旅游公路宜选用稠度小、低温延度大的沥青;对日温差、年温差大的地区宜选用针入度指数大的沥青。当高温要求与低温要求发生矛盾时应优先考虑满足高温性能的要求。

②当缺乏所需标号的沥青时,可采用不同标号掺配的调和沥青,其掺配比例由试验决定。掺配后的沥青质量应符合相关要求。

(3)除长期不使用的沥青可放在自然温度下存储外,沥青在储罐中的储存温度不宜低于130℃,并不得高于170℃。桶装沥青应直立堆放,加盖苫布。沥青必须按品种、标号分开存放,见图22-17。

(4)道路石油沥青在运输、使用及存放过程中应有良好的防水措施,避免雨水或加热管道的蒸汽进入沥青。

桶装沥青的脱桶设备见图22-18。散装沥青运输见图22-19。

三、改性剂、添加剂

(1)在沥青混合料中掺加的纤维稳定剂宜选用木质素纤维、矿物纤维等,木质素纤维的质量应符合相关技术要求。

图 22-17　沥青必须按品种、标号分开存放

图 22-18　桶装沥青的脱桶设备

图 22-19　散装沥青运输

（2）纤维应在250℃的干拌温度下不变质、不发脆，且必须符合环保要求，不危害人体健康。纤维必须在混合料拌和过程中能充分分散均匀。

（3）矿物纤维宜采用玄武岩等矿石制造，易影响环境及对人体有伤害的石棉纤维不宜直接使用。

（4）纤维应存放在室内或有棚盖的地方，松散纤维在运输及使用过程中应避免受潮，防止结团。

（5）纤维稳定剂的掺加比例以沥青混合料总量的质量百分数计算，通常情况下用于SMA路面的木质素纤维不宜低于0.3%，矿物纤维不宜低于0.4%，必要时可适当增加纤维用量。纤维掺加量的允许误差不宜超过±5%。

高模量剂见图22-20。聚酯纤维添加剂见图22-21。

图22-20 高模量剂

图22-21 聚酯纤维添加剂

四、改性沥青生产

（1）改性沥青可单独或采用高分子聚合物、天然沥青及其他改性材料混合制作。

（2）各类聚合物改性沥青的质量应符合相关技术要求。

（3）生产改性沥青的基质沥青应与改性剂有良好的配伍性，其质量宜符合A级或B级道路石油沥青的技术要求。供应商在提供改性沥青的质量报告时应提供基质沥青的质量检验报告或沥青样品。

（4）天然沥青可以单独与石油沥青混合使用或与其他改性沥青混融后使用。天然沥青的质量要求宜根据其品种参照相关标准和成功经验执行。

（5）用作改性剂的SBR胶乳中的固体物含量不宜少于45%，使用中严禁长时间曝晒或冰冻。

（6）改性沥青的剂量以改性剂占改性沥青总量的百分数计算，胶乳改性沥青的剂量应以扣除水以后的固体物含量计算。

（7）改性沥青宜在固定式工厂或在现场设厂集中制作，也可在拌和厂现场边制作边使用，改性沥青的加工温度不宜超过180℃。胶乳类改性剂和制成颗粒的改性剂可直接投入拌和缸中生产改性沥青混合料。

（8）用溶剂法生产改性沥青母体时，挥发性溶剂回收后的残留量不得超过5%。

（9）现场制作的改性沥青宜随配随用，需短时间保存或运送到附近的工地时，使用前必须搅拌均匀，在不发生离析的状态下使用。改性沥青制作设备必须设有随机采集样品的取样口，采集的试样宜立即在现场灌模。

（10）工厂生产的成品改性沥青运送到施工现场后，应存储在改性沥青罐中，改性沥青罐必须加设搅拌设备，并对沥青进行搅拌，且使用前必须搅拌均匀。在施工过程中应定期取样检验产品质量，发生离析等质量不符合要求的改性沥青不得使用。

SBS 改性剂见图 22-22，改性沥青加工设备见图 22-23。

五、橡胶沥青生产

用废弃轮胎加工成的橡胶粉，在橡胶沥青混合料中的作用至关重要。优质的橡胶粉加上精准的加工工艺，才能拌制合格的橡胶沥青混合料。

橡胶粉见图 22-24、图 22-25。橡胶沥青加工设备见图 22-26～图 22-29。

a)

b)

c)

图 22-22 SBS 改性剂

图 22-23 改性沥青加工设备

图 22-24 袋装橡胶粉

图 22-25 橡胶粉

图 22-26　橡胶粉称重系统

图 22-27　橡胶粉打散装置

图 22-28　橡胶粉与基质沥青预混罐

图 22-29　橡胶沥青反应单元

第三节　主要设备配备与管理

桥面沥青铺装施工设备主要包括拌和设备、运输设备、摊铺设备、碾压设备以及辅助设备等。性能良好的施工设备，是提高工作效率和工程质量的根本保证。某双向 6 车道高速公路建设项目桥面沥青铺装主要设备见表 22-1。

某双向 6 车道高速公路建设项目桥面沥青铺装主要设备一览表　　表 22-1

序号	设备类型	机械设备名称	单位	数量
1	沥青面层主要设备	玛连尼 LB5000 全封闭沥青拌和楼	套	2
2		混合料专用运输车	辆	40
3		中大 DT2200 沥青面层摊铺机	台	2
4		双钢轮双驱双振振动压路机	台	3
5		双钢轮双驱双振振荡压路机	台	2
6		轮胎压路机	台	4

续上表

序号	设备类型	机械设备名称	单位	数量
7	沥青面层主要设备	中大37t轮胎压路机	台	2
8		小型压路机	台	1
9		铣刨机	台	2
10		甩锤设备	台	6
11		切割机	台	2
12		自行式防风墙	m	800
13		料仓雾化除尘系统	套	2
14		雾炮车	辆	2
15		洒水车	辆	2
16	黏层、透层、封层施工设备	乳化沥青洒布车	辆	1
17		同步碎石封层车	辆	1
18		沥青运输车	辆	2
19		轮胎压路机	台	1
20		强力无尘清扫车	台	2
21		乳化沥青存储罐	个	2
22		湿式扫路车	台	2
23	机制砂、石、矿粉加工设备	颚式破碎机	台	1
24		振动喂料机	台	1
25		反击式破碎机	台	1
26		振动筛	台	2
27		制砂机	套	2
28		磨粉机	套	2
29	通用设备	自动洗车台	个	4
30		移动式照明灯塔	套	10
31		发电机组	套	4
32		装载机	台	10
33		水泥混凝土拌和站	套	1

一、拌和设备

拌和设备进场前,项目管理单位宜对施工单位投标书中的设备进行实地考察。主要考察沥青拌和楼、橡胶沥青加工设备、改性沥青加工设备等。

同一标段的沥青拌和设备要求型号、性能一致,有条件时应安装沥青混合料拌和质量监控器,实时监控混合料的拌和质量。大型沥青混合料拌和设备见图 22-30~图 22-32。

图 22-30　大型沥青混合料拌和设备

图 22-31　拌和楼上设置的回收粉湿法排放设备

图 22-32　拌和楼集料传送皮带接口处设置的接料斗

二、摊铺设备

正常情况下,为了避免并机作业产生纵向接缝,消除桥面铺装病害,用于桥面铺装的沥青混合料摊铺机,最好采用大断面防离析的摊铺设备。同时,考虑路桥接合部以及桥隧接合部的宽度变化,摊铺机还应具备伸缩功能。

1. 大断面摊铺机的应用

大断面摊铺机螺旋布料器输料能力增大,螺旋驱动转速降低,螺旋布料器离地高度可调整,对混合料起到二次搅拌作用,且料位高度满埋时可缓慢、均匀输送混合料,能有效防止送料速度较快时混合料的离析。

与并机摊铺相比,大断面摊铺可使混合料横向、纵向离析得到有效控制,避免了并机梯次摊铺出现的搭接离析现象,对平整度有较好的改善和提高,同时其施工均匀性优于并机梯次摊铺,混合料压实度可以得到有效保障,总体摊铺效果好。

大断面防离析摊铺设备见图 22-33、图 22-34。

当半幅宽度超过目前市场上单台摊铺机摊铺宽度时,还得采取并机作业的方式进行桥面铺装。

2. 沥青混合料 3D 数字化摊铺技术应用

近年来,部分高速公路建设项目在沥青混合料摊铺过程中,采用了 3D 数字化摊铺施工工艺。其原理是,把设计数据导入 3D 数字化摊铺自动控制系统(图 22-35),无须测量放样和找基准线,系统

图 22-33 大断面防离析摊铺设备

图 22-34 摊铺设备调遣与组装调试

自动对施工过程进行控制,减少了人为因素对施工质量的影响。

3D 数字化摊铺自动控制系统主要由全站仪基准站和摊铺自动控制系统组成。系统工作时,架设在控制点上的全站仪将捕获安装在摊铺机桅杆上的 360° 棱镜的三维坐标数据,通过摊铺机系统上的数据传输电台实时将棱镜坐标数据传送到摊铺自动控制系统的控制箱中,控制箱将获得的当前坐标信息与设计卡中的三维数据进行对比,生成相应的高程修正信息并传递给摊铺机

图 22-35 3D 数字化摊铺自动控制系统

左右两侧边控箱,再由边控箱对应生成相应的比例驱动信号,通过液压阀驱动摊铺机牵引臂液压油缸使熨平板进行相应方向的数据调整和修正,从而使摊铺道面产生坡度和高程变化,弥补路面波动,实现所要求的路面平整度。在具体施工过程中,为达到路面摊铺的精确控制要求,另一台测量全站仪一直监测路面摊铺状况,真正实现过程监控施工,满足摊铺设计要求。

3D 数字化摊铺自动控制系统对摊铺面进行实时的三维坐标数据检测,并对施工质量进行反馈,精准地控制施工全过程。

3. 桥面沥青铺装无人化智慧施工技术应用

近年来,陕西路桥集团在桥面沥青铺装中采用了无人化智慧施工技术。该技术基于北斗高精度定位、惯性导航和雷达传感的融合,通过一个操作界面最多可控制 20 台设备,以智能化电脑程序设置实现沥青混合料摊铺机、压路机的无人化驾驶。桥面沥青铺装无人化智慧摊铺与碾压现场见图 22-36,桥面沥青铺装无人化智慧碾压现场见图 22-37。

在沥青混合料摊铺、碾压过程中,对施工轨迹能够达到精准控制。其定位精度可以达到 2cm,位置信息的采集达到了毫米级。该技术的应用,有效避免了传统施工工艺中,人为操作过程中经常出现的摊铺方向偏移、速度不均匀以及压路机漏压、过压、欠压、超速等问题,最大限度保证了桥面沥青铺装的施工质量和操作安全,并降低了施工人员的劳动强度。

经现场质量检测,桥面沥青铺装的摊铺厚度、平整度、压实度、渗水系数、构造深度等指标达到要求。

图 22-36　桥面沥青铺装无人化智慧摊铺与碾压现场

图 22-37　桥面沥青铺装无人化智慧碾压现场

三、压实设备

压路机按照使用功能，一般分为振动压路机、振荡压路机和轮胎压路机。

（一）振动压路机

振动压路机（图 22-38）对确保桥面沥青铺装混合料的压实度起着十分重要的作用。

同一作业面的压实设备型号、性能尽可能一致，安装速度显示仪，实时监控碾压参数。

（二）振荡压路机

1. 振荡压实原理

振荡压路机的交变力矩使轮体产生绕轴芯的往复扭摆运动，轮体与压实面保持接触，无位移性冲击，依靠的完全是轮体与压实层材料颗粒间的相对滑动作用。轮体外圆面对压实层材料颗粒施加切线方向的作用力，迫使颗粒发生较大的动量变化（包括大小和方向），瞬间的大加速度可迅速破坏颗粒间摩擦阻力，实现压实功效。

图 22-38　振动压路机

2. 振荡压实优势

（1）节省功率，具有很好的节能和低噪声等环保性能。

（2）对外界干扰小，具体表现为驾驶舒适，适合在对振动较敏感的区域作业。

（3）主要在水平方向产生振荡，不会对沥青面层产生上下垂直的振动，因而不会压碎沥青混合料的集料，从而不会出现过压现象。

（4）振荡压路机通过静压与剪切来实现压实，对面层产生"揉搓"的效果，避免表面出现波纹，可以获得较好的平整度，压实度提升效率优于振动压路机。

（5）振荡压实后，粗集料多水平排列，无凸起尖角。

（6）改变压实方式，防止与桥梁产生共振。

3. 振荡压实劣势

振荡轮结构较为复杂，导致振荡压路机成本和售价较高。为了满足施工需求，双钢轮振荡压路机才有了一轮振动、一轮振荡的折中或组合机型。

振荡压路机在桥面沥青铺装中的应用见图22-39。

(三) 轮胎压路机

轮胎压路机又称胶轮压路机，是沥青路面施工过程中的核心压实设备。

除了SMA、OGFC等特殊的沥青混合料桥面铺装施工外，一般的沥青混合料都需要轮胎压路机碾压。

对于大粒径、大厚度的沥青混合料，更需要大吨位的轮胎压路机进行"揉搓"压实，见图22-40。

图22-39 振荡压路机在桥面沥青铺装中的应用

图22-40 大吨位压实设备的研发助力大粒径、大厚度沥青路面结构的施工

早期的轮胎压路机轮胎配置均为"前四后五"（图22-41），近年来出现了大量轮胎配置为"前五后六"的设备型号，见图22-42。

图22-41 "前四后五"轮胎压路机

图22-42 "前五后六"轮胎压路机

轮胎压路机的压实效果主要是依靠其对压实层材料垂直方向的静荷载以及水平方向上的交变荷载而实现的。影响轮胎压路机压实效果的主要因素是轮胎的规格、压力及轮胎压路机的自重。

为了适应不同压实层的压实要求，需要在施工前合理调节轮胎压路机的充气压力。轮胎的充气压力应根据实际施工情况，配合轮胎的负荷量进行合理取值。轮胎压路机的自重同样影响着压实质量。由于被压实材料具有弹塑性，当压路机经过压实层时，被压实材料会发生弹性变形和塑性变形。弹性变形会在压路机经过后恢复原状，而塑性变形则会使被压实材料产生塑形流动或体积减小。

施工中合理选择轮胎压路机的吨位非常重要。轮胎的接地压力不变，轮胎的负荷越大，压实力的影响范围就越大。所以，增加轮胎负荷，会使压力影响区向深层扩展。

在轮胎压路机工作时，它对被压实层的影响主要靠接地比压。一般轮胎压路机接地比压可根据轮胎的充气压力和负荷进行调整。

"前四后五"轮胎压路机峰值接地比压为540kPa，而"前五后六"轮胎压路机峰值接地比压为460kPa。"前四后五"轮胎压路机峰值单胎荷载为3.33t，而"前五后六"轮胎压路机单胎荷载为2.73t。"前四后五"轮胎压路机压实宽度为2368mm，而"前五后六"轮胎压路机压实宽度为2865mm。

第四节　施工现场精细化管理

一、施工现场交通管制

桥面沥青铺装前，必须进行有效的交通管制，其目的和作用有：

（1）避免施工干扰，提高作业效率。

（2）预防施工质量受到影响。

（3）预防生产安全事故。

桥面沥青铺装施工前、施工中以及施工完成后开放交通前，均应进行有效的交通管制，见图22-43。

a)　　　　　　　　　　　　　　　　b)

图22-43　桥面铺装施工前、施工中以及施工完成后开放交通前，均应进行交通管制

二、首件工程认可

首件工程是指单项工程中的第一件，一般要求先做样品或一个样板路段，依据相关规范检查合格

后才可继续大面积施工。即大面积生产前铺筑试验段，检测施工工艺，以保证大面积施工的合格率。

其目的在于保证不合格的原材料不使用，不合格的设备不投用，不成熟的工艺不转入下道工序，主要是监督工艺过程，改进施工质量。

结合工程实践，桥面沥青铺装"首件、首批认可项目"推荐情况见表22-2。

桥面沥青铺装"首件、首批认可项目"推荐表　　　表22-2

序号	认可项目	认可内容	建议认可数量或长度
1	梁板预制	强度	2片梁
2		结构尺寸、外观	2片梁
3	梁板顶面、侧面浮浆	凿毛	2片梁
4	梁板架设	外观与实测	1孔
5	湿接缝	钢筋绑扎、混凝土浇筑与养护	1孔
6	水泥混凝土调平层	预埋钢筋焊接、网片钢筋焊接（绑扎）	1孔
7		混凝土浇筑与养护	2孔
8		表面浮浆凿毛与清理	3~5孔
9	施作在水泥混凝土调平层上的防水黏结层	黏层油喷洒	300~500m
10		碎石封层撒布	300~500m
11		AC-5沥青砂混合料铺筑	300~500m
12	改性乳化沥青加工、SBS改性沥青加工、橡胶沥青加工	关键质量技术指标	首批
13	桥面铺装下面层	试验段铺筑	300~500m
14	桥面排水盲沟	试验段碎石粒径与高度	300~500m
15	桥面铺装层间黏结层	试验段喷洒	300~500m
16	桥面铺装上面层	试验段铺筑	300~500m

对于特殊结构的桥面沥青铺装，应先在拌和场内铺筑试验路，待其性能指标和施工工艺稳定后，方可大面积施工，见图22-44。

三、混合料质量控制

在沥青混合料配合比设计中，生产配合比和目标配合比同等重要。因此，进行合理的沥青混合料配合比设计并加强生产配合比控制是防止沥青铺装病害的重要环节。

在混合料温度控制方面，应注意以下两个方面：

1. 拌和温度

不同的混合料有着不同的拌和温度要求。任何超出规定温度范围的混合料都不能应用在实体工程上。

测量拌和温度的目的是控制该类型沥青混合料的初始温度，为后续摊铺碾压质量控制奠定基础。

在此环节，可以直接检验出沥青拌和楼温度控制系统是否良好，粗、细集料加热温度及沥青存储温度设定是否合理。

出场前检测混合料温度见图 22-45。

图 22-44　应先在拌和场内铺筑试验路

图 22-45　出场前检测混合料温度

2. 现场温度

由于沥青混合料在运输途中需要消耗一定的时间，因此，需要测量混合料运输到施工现场时的温度，见图 22-46。如混合料温度低于规定的温度（图 22-47），则不能摊铺，否则会导致混合料离析、压实度不符合要求等。

图 22-46　测量混合料运输到现场时的温度

图 22-47　测量碾压温度

四、层间接合处质量控制

必须重视层间污染的处理，采用"五道工序法"确保层间接合处的干净和黏结强度，"五道工序法"即采用强力清扫车拉毛、高压水车冲洗、清扫车吸尘、空压机表面吹净、洒布 SBS 乳化改性沥青。

（1）拉毛。用强力清扫车对结构层表面的尘土进行拉毛，同时对局部污染严重处，人工用钢丝刷进行处理。

（2）清洗。提前 3～5d 用洒水车对下承层严重污染路段进行清洗，使下承层水分提前蒸发、风干，并封闭交通。

（3）吸尘。用道路清扫车将灰尘吸出。

（4）吹净。用 10m³ 以上的大功率空压机将表面灰尘吹净。

（5）洒油。清扫完成并验收合格后，再洒布黏层油。进行黏层油施工前，必须将裸露的钢筋切割掉，见图 22-48。

图 22-48　黏层油施工前，必须将裸露的钢筋切割掉

五、防止施工污染

1. 坚持现场检查准入制

对拟进入施工现场的各台（套）机械设备，应严格进行机况检查，存在漏油风险的机械设备严禁进场。

2. 强化现场预防措施

进场的机械设备底部应使用土工膜进行铺底，隔绝油污染。及时更换已经污染的土工膜，避免发生次生污染。

3. 及时清洗补救

使用中性清洗剂及时清洁被污染的作业面，最大限度地减少油污在沥青铺装中的残留。混合料碾压前，应对钢轮压路机进行除锈。

在施工过程中防止污染，是保证质量的根本需要，而对施工成品的保护，则是提升项目品质、确保工程耐久性的需要。

港珠澳大桥及其他建设项目关于防止施工污染的措施见图 22-49～图 22-53。

图 22-49　混合料碾压前，应对钢轮压路机进行除锈

图 22-50　港珠澳大桥混合料运输车的防污染措施

a)   b)

图 22-51 港珠澳大桥桥面施工中防止污染桥梁护栏的措施

图 22-52 港珠澳大桥桥面铺装的防污染措施   图 22-53 港珠澳大桥桥梁伸缩缝施工的防污染措施

六、预防大粒径沥青混合料离析

无论是大粒径还是常规粒径的沥青混合料产生离析，都会对混合料的耐久性产生不利影响。为了消除隐患，补齐短板，必须从原材料、施工设备、现场管理等各个环节加以防范。

大断面摊铺机采取的预防粗集料竖向离析的措施见图 22-54。

七、确保合理的设备组合

合理的设备组合是实现沥青铺装质量目标的关键因素之一。好的做法包括：

（1）单台设备的性能必须优良。

（2）设备的组合必须合理，刚柔结合、振动与振荡结合，分工压实。

（3）同一作业面的设备尽量保持同一种型号，实现摊铺、压实质量均质化目标。

合理的设备组合见图 22-55、图 22-56。

图 22-54 大断面摊铺机采取的预防粗集料竖向离析的措施

图 22-55 压实设备组合

图 22-56 采用同品牌的设备,确保压实质量的均质化

八、精细化施工管理应实现的目标

精细化施工管理应实现的目标:材料优质、工艺精细、外观精美、内在耐久。见图 22-57～图 22-61。

图 22-57 同一作业面的设备尽量保持同一种型号

图 22-58 配备小型压路机对边部进行碾压,减少对桥面护栏的破坏

图 22-59 工艺精细

a)

b)

图 22-60 外观精美

a) b)

图 22-61 内在耐久

第六篇

运营期桥面沥青铺装病害养护与处治技术

DISEASE PREVENTION AND MAINTENANCE TECHNOLOGY
OF ASPHALT PAVING ON CEMENT CONCRETE BRIDGE DECK

第二十三章
运营期产生的铺装病害

在运营期发生的交通事故、自然灾害、管护缺失,以及养护施工质量差,都会导致桥面沥青铺装产生早期病害。

第一节 交通事故产生的铺装病害

一、交通事故导致的火灾烧毁沥青铺装

运营期桥面铺装上发生的交通事故,常常伴随着火灾的发生,直接威胁着桥面铺装的正常使用和耐久性。桥面沥青铺装在大火的影响下,表面层必然会损坏。见图23-1、图23-2。被烧坏的沥青铺装见图23-3。

a)

b)

图23-1 高速多车连撞,桥面沥青铺装被烧损

图23-2 车辆自燃,烧坏沥青铺装

图23-3 被烧坏的沥青铺装

二、交通事故车辆泄漏的油污染沥青铺装层

发生交通事故车辆泄漏的汽柴油和故障车辆维修泄漏的汽柴油,导致桥面沥青铺装受损产生病害。见图 23-4、图 23-5。

图 23-4 运营期故障车辆维修泄漏的汽柴油污染沥青铺装

图 23-5 事故车辆泄漏的汽柴油渗透到沥青铺装层底部,久而久之产生了坑槽

第二节 自然灾害产生的铺装病害

一、边坡落石对沥青铺装的损害

山体边坡落石时,也会对邻近山体的沥青铺装产生损害。如某高速公路附近的山体受雨水侵蚀及风化作用,导致石块脱离剥落,砸落到桥面上。巨石先砸落在下行桥面,击穿沥青铺装,露出混凝土底层,再弹跳越过桥梁中分带混凝土护栏,滚落至上行超车道处,对沥青铺装产生破坏。见图 23-6。

二、洪水、地震等对沥青铺装的损害

洪水、暴雨、地震等也会对桥面铺装产生损害。如洪水漫过桥面后,沥青铺装会产生冲刷破坏,导致沥青铺装断裂、脱落,见图 23-7。暴雨导致的泥石流对桥面沥青铺装产生破坏,也会掩埋桥面铺装,见图 23-8、图 23-9。地震会造成桥梁结构坍塌,见图 23-10。

图 23-6 巨石滚落在桥面上,沥青铺装被砸破

图 23-7 洪水漫过桥面,对沥青铺装产生破坏

图 23-8　暴雨引发山洪，泥石流掩埋了运营的桥面铺装

图 23-10　地震造成桥梁结构坍塌

图 23-9　暴雨导致的泥石流对桥面沥青铺装产生破坏

第三节　运营管护产生的铺装病害

一、运营管护缺失产生的铺装病害

某桥面缺乏管护，造成桥面铺装破损严重。见图 23-11。

二、抢险施工产生的铺装病害

在运营期抢险工程施工现场，缺乏对桥面有效保护，导致沥青铺装受损。见图 23-12。

三、冬季除雪撒盐腐蚀沥青铺装

冬季为了保证交通畅通无阻，防止桥面因冰雪湿滑引发交通事故，常在桥面撒除雪盐。盐中水分侵入桥面后，桥梁主体结构的钢筋混凝土会产生冻融破坏、钢筋锈蚀、碱－集料反应等破坏。存在于水泥混凝土调平层微孔隙中的水，在正负温度交替作用下，形成冰胀压力和渗透压力，使调平层产生剥蚀破坏，从而降低水泥混凝土的强度。此外，除雪设备对桥面沥青铺装也会产生破坏作用。除雪剂、除雪设备对桥面沥青铺装产生破坏见图 23-13。

图 23-11　某桥面管护缺失，沥青铺装破损严重

a)

b)

图 23-12 运营期施工机械设备破坏沥青铺装层

四、桥面层间排水不畅产生的铺装病害

雨、雪水侵入，是沥青混凝土铺装层破坏的一个重要因素。桥面排水不畅，易导致在桥面两侧，尤其是泄水孔处沥青混凝土的破坏。

冬季的雨水和冰雪不能及时排除，侵入泄水孔处薄弱的铺装层内，在车辆荷载的反复作用及冻融作用下，混凝土空隙中产生动水压力致使沥青与石料剥离，造成碎石集料松散、脱落，形成坑槽。

沥青铺装层渗水造成其与水泥混凝土调平层之间的水分滞留，在车辆荷载的反复作用下，沥青铺装层与水泥混凝土调平层脱离，沥青铺装层产生剥落，导致铺装层破坏。

桥面层间排水不畅造成的桥面铺装泄水孔堵塞见图 23-14。

图 23-13 除雪剂、除雪设备对桥面沥青铺装产生破坏

图 23-14 桥面铺装泄水孔堵塞

第四节 养护施工产生的铺装病害

一、养护设计方案不合理

针对连续坑槽，采取小挖小补的方案，势必造成"坑坑相连"，既不美观，耐久性又差。见图 23-15。

二、养护施工不精细

养护施工不精细,部分工程形成"一次病害,终身成害"的怪圈。究其原因:

(1)施工有效时间少。受交通管制约束,施工时间有限,导致部分需要耗时的工序无法实现。

(2)施工人员不专业。相关人员对部分特殊的施工工艺不了解,施工工序错误,产生新的病害。

(3)主观上存在凑合思想。个别养护人员为了持续承揽施工任务,施工不精细,质量差,导致年年修,年年坏。敷衍了事、不规范的养护见图23-16。

图23-15 桥面铺装连续坑槽

图23-16 敷衍了事、不规范的养护

(4)采用并机作业的方式,产生了众多的纵向接缝。受交通管制影响,半幅桥面分多次施工,产生了明显的纵向接缝(图23-17),存在一定的质量隐患且伴有施工污染(图23-18)。

图23-17 桥面养护工程施工现场出现纵向接缝

图23-18 桥面养护工程施工效果极差,伴有施工污染

(5)在同一个坑槽内,采用两种不同属性的材料修补,无法满足使用需求。如在沥青铺装的坑槽内,采用水泥混凝土材料修补(图23-19)。由于水泥混凝土和沥青混合料的属性不同,坑槽修补质量差,造成"坑中坑",见图23-20。

(6)桥面坑槽修补"就坑补坑",耐久性差。坑槽修补不规范,接缝周边浇灌了大量的沥青材料等,见图23-21。邻近的坑槽未能连通开挖、连通修补,产生了过多的接缝。另外,压实机具满足不了工程需求,存在新的坑槽隐患。坑槽修补前应进行切割处理,见图23-22、图23-23。

图 23-19　在沥青铺装的坑槽内采用水泥混凝土材料修补

图 23-20　坑槽修补质量差，造成"坑中坑"

a)　　　　　　　　　　　　　　　　　　　　b)

图 23-21　坑槽修补不规范，接缝周边浇灌了大量的沥青材料

图 23-22　坑槽切割

图 23-23　采用简单的振动设备满足不了工程需要

（7）粗放型施工，质量无法保证。针对桥面坑槽病害，仅简单地挖除破损面（图23-24）；在形状不规则的基坑内随意回填冷补料（图23-25）；直接用脚踩，再用简单的夯具压实（图23-26）。

图 23-24　坑槽病害挖除

图 23-25　在不规则的开挖面上随意回填冷补料

图 23-26　施工中采用简易的工具夯实

第二十四章
桥面沥青铺装日常养护与管理

第一节 桥面沥青铺装养护的目的

随着建设项目开始运营，桥面铺装就开始经受自然环境、车辆荷载等的考验。随着运营时间不断增加，各种桥面铺装病害会逐渐显现。

桥面沥青铺装在运营期出现病害，会直接影响车辆行驶安全、行车舒适性和桥面耐久性。因此，确保桥面沥青铺装的使用功能，保证预防性养护和维修工作的有效落实，就成为桥面养护部门的重要工作。

桥面沥青铺装养护的目的有以下几点：

一、及早发现和处治病害

加强桥面沥青铺装养护，有利于延长桥面使用寿命。在此过程中，必须坚持以下养护原则：

1. 病害早发现

要使桥面沥青铺装层在运营期减少水损害，就需要在出现任何桥面病害迹象之前提早发现病害，这就需要加强桥面沥青铺装养护，及早发现病害并进行维修，否则情况就会恶化，甚至会导致桥面需要进行结构罩面或整体重建。

2. 病害早处治

运营期应高度重视桥面的日常养护，按照"及时、补早、补少、补彻底"的原则修补小型桥面病害。

养护部门需要不断提升和创新桥面沥青铺装养护技术，发展预防性养护技术，从根源上降低铺装病害的发生率，进而降低养护成本。

二、维持桥面铺装使用功能

桥面铺装投入使用后，受车辆荷载和自然环境的作用，其使用功能必然产生变化，会产生表面污染、渗水、车辙、坑槽等。因此，需要常态化地对其进行精准养护，以维持桥面铺装使用功能。

三、提高桥面服务质量，确保行车安全

桥面病害产生后，必然导致行车安全性、舒适性降低。因此，必须进行桥面沥青铺装养护，提高桥面服务质量，确保行车安全。

第二节　桥面沥青铺装养护施工难点与管理对策

一、养护施工难点

桥面沥青铺装养护施工具有以下几个难点：

1. 交通组织难度大

养护施工不仅要综合考虑交通分流等因素，而且要考虑各种生产要素配置，使其在最短的时间内完成作业内容。

以水泥混凝土调平层修复为例，为了保畅通而抢工期，往往存在水泥混凝土龄期短，养护不到位，或使用速凝混凝土，强度达不到要求就铺筑沥青面层，并开放交通的现象。这些做法会使桥面铺装在同一位置再次出现早期病害。

2. 施工干扰大

以水泥混凝土调平层修复为例，在运营养护修复过程中，一般都是边通车边施工，施工干扰大，见图24-1。行车振动将导致水泥混凝土强度低、耐久性差。

图24-1　桥面养护施工干扰

3. 施工工点分散、工序多、时间长，工程造价高

以坑槽修补为例，单个坑槽的修补工序繁多，时间跨度大，势必造成养护费用较高。

某运营的高速公路，桥面水泥混凝土调平层严重破损，在不得已的情况下，铣刨了全部沥青铺装层，在梁板上重新植筋，破除调平层混凝土，重新由下至上进行铺筑，见图24-2～图24-4。工序多、时间长、成本高。

图24-2　铣刨全部沥青铺装层

图24-3　在梁板上重新植筋

图24-4　重新浇筑调平层混凝土

4. 质量控制难度大

更换破损伸缩缝难度大。一是封闭现场会造成交通拥堵，降低运营通力；二是施工中司乘人员和施工人员面临的安全风险较大；三是混凝土破除难度大，行车振动会对重新浇筑后的混凝土强度产生影响。

二、养护施工管理对策

1. 加强日常巡查

小病不治终成大病。在发现桥面轻微病害后应及时处治，充分利用灌缝、贴缝等预防养护措施，消除表面裂缝，减少雨水侵入，做到早发现、早处治。

2. 加强原材料质量管控

用于养护工程的水泥、钢材、沥青、各类添加剂，质量必须满足相关规范要求。高速公路桥面铺装所用原材料应尽量与原工程保持一致，若因时间久远，材料已更新换代，更换材料的质量应不低于原工程的材料质量。

3. 加强施工工艺管控

病害处治不同于新建工程，先"破除"后"新建"，施工难度大。必须坚持正确、合理的工艺、工序，特别是水泥混凝土工程，对病害部位的破除和清理要到位，混凝土养护要到位，混凝土强度要合格。层间结合质量直接影响桥面的耐久性，必须严格按照工序组织施工。

4. 加强施工质量监理

对于养护招标工程，应依法实施工程监理。对隐蔽部位、关键结构实现工程旁站监理，见图24-5。

5. 加强养护工程验收

在施工完成后恢复运营前，必须对养护工程进行质量验收。未通过验收的工程不能投入使用。

6. 加强质量缺陷维护

进入缺陷期的工程，要加强维护。

图24-5　桥面养护施工监理

7. 加强质量责任追究

加强对病害反复出现部位、路段、结构的分析，查找设计、施工、管理原因，加强质量责任追究。

8. 优化除雪措施，减少对桥面铺装层的损坏

在日常养护过程中，不科学的除雪作业将导致桥梁病害的发生。北方地区冬季气温低，降雪后往往需要撒布融雪剂（图24-6）。融雪剂具有盐碱腐蚀性，对桥梁结构物腐蚀严重，某桥面水泥混凝土护栏被腐蚀情况见图24-7。如桥面存在渗水情况，含盐的雪水渗入调平层，会造成调平层碱析、溶胀等一系列病害，大大缩短桥面使用寿命。

在桥梁段尤其是长大桥梁段，禁止使用具有腐蚀性的融雪剂进行桥面除雪。

图 24-6　撒布融雪剂进行桥面除雪

图 24-7　某桥面水泥混凝土护栏被腐蚀情况

第三节　桥面沥青铺装日常养护

《公路桥涵养护规范》(JTG 5120—2021)，对桥面铺装及排水系统的养护提出了具体要求。

一、桥面日常养护

(1) 桥面应经常清扫，排除积水，清除泥土、杂物、冰凌、积雪，加强桥面使用状况巡查，保持桥面整洁无杂物，泄水孔不堵塞，见图 24-8～图 24-10。

(2) 加强生态环境保护。养护作业产生的废渣、废尘，应集中收集运出作业面并妥善处置，不得破坏沿线生态环境，见图 24-11。

(3) 加强桥梁结构物台背沉降处理，避免车辆跳车冲击沥青铺装和伸缩缝，见图 24-12、图 24-13。

图 24-8　被堵塞的桥面泄水孔

图 24-9　定期对桥面铺装进行日常保洁

图 24-10　及时清理桥面泄水孔的积雪

图 24-11　养护施工要注重对生态环境的保护

图 24-12　加强桥梁结构物台背沉降处理，避免车辆跳车冲击沥青铺装和伸缩缝

二、桥面日常巡查

运营期应加强桥面沥青铺装日常巡查，如果出现唧浆、泛油、拥包、裂缝、波浪、坑槽、车辙等病害，应及时处治。

当损坏面积较小时，可局部修补；损坏面积较大时，可将整跨铺装层凿除，铺筑新的铺装层。桥面日常巡查见图 24-14～图 24-16。

图 24-13　加强桥头台背沉降处理，避免车辆冲击桥面铺装

图 24-14　定期进行桥面使用状况巡查

图 24-15　桥面使用状况专项巡查

图 24-16　桥梁综合排水检查与治理

第四节 桥面 OGFC 排水性沥青铺装日常养护

一、养护内容

桥面 OGFC 排水性沥青铺装的日常养护工作可分为：日常巡查与检测、清洗与保养等。

对于排水性沥青铺装损坏程度较大的，应及时安排中修或大修。

1. 日常巡查与检测的内容

(1) 检查桥面上是否有可能损坏桥面、妨碍交通或影响桥面排水功能的堆积物等。

(2) 定期抽样检测排水性沥青铺装层的渗水系数。

(3) 检查排水性沥青铺装层上是否存在除排水功能衰减以外的其余损坏。

2. 清洗与保养的内容

(1) 清扫排水性沥青铺装层上的泥土、杂物，保持桥面整洁。

(2) 清除排水性沥青铺装层上的积水、积雪、积冰、积沙及其他堆积物。

(3) 进行定期的桥面排水功能恢复养护与不定期的局部排水功能性养护。

(4) 进行排水性沥青铺装层配套排水设施的保养，确保排水畅通。

二、养护前技术状况评价及养护质量验收要求

1. 排水性沥青铺装层技术状况评价

渗水系数应大于或等于 825mL/15s。不符合要求时应采取相应的处治措施，使之达到规定要求。

桥面 OGFC 排水性沥青铺装的渗水系数检测试验方法：

(1) 将渗水仪放置在选定路面点，沿渗水仪底座及周边用密封材料密封；

(2) 向渗水仪中加水，打开开关，使量筒内的水向下流，排出渗水仪底部的空气；

(3) 再次关闭水阀，将水加满至 0 刻度线，打开开关，待水位下降到 100mL 时开始计时，至水位下降到 500mL 时为止。

检测完成后，按下式计算桥面渗水系数：

$$C_w = \frac{V_2 - V_1}{t_2 - t_1} \times 15$$

式中：C_w——桥面渗水系数（mL/15s）；

V_1——第一次计时的水量（mL），为 100mL；

V_2——第二次计时的水量（mL），为 500mL；

t_1——第一次计时的时间（s）；

t_2——第二次计时的时间（s）。

虽然在采用渗水仪测试排水性沥青路面渗水系数的过程中，发现水位下降速度过快，测试结果不稳定，渗水仪法可能不太适合大空隙沥青混合料渗水系数的测定，但由于目前对于排水性沥青路面渗水系数的现场检测还没有更有效的方法，因此，大多仍采用渗水仪进行桥面渗水系数测试，见图 24-17、图 24-18。

2. 排水性沥青铺装养护质量验收要求

（1）除排水功能衰减外的其余损坏的养护，应符合相关质量验收要求。

（2）排水性沥青铺装的各类小修工程、中修工程，应按相关规范要求实施。

三、养护材料要求

（1）各种养护材料都应进行必要的试验检验，不符合要求的不得使用。

（2）排水性沥青铺装养护材料，主要为排水性热拌沥青混合料、排水性冷补沥青混合料、密级配热拌沥青混合料、冷拌沥青混合料、密级配冷补沥青混合料等。

图 24-17 采用渗水仪对桥面 OGFC 排水性沥青铺装的渗水系数进行检测

a)

b)

图 24-18 桥面 OGFC 排水性沥青铺装的渗水系数检测

排水性沥青铺装养护材料的适用性见表 24-1。

排水性沥青铺装养护材料的适用性　　　　　表 24-1

应用目标	日常修补	小修工程	中修工程
排水性热拌沥青混合料	适宜	适宜	适宜
密级配热拌沥青混合料	适宜	不适宜	不允许
冷拌沥青混合料	允许	不允许	严禁
密级配冷补沥青混合料	允许	不允许	严禁

四、养护机具要求

（1）应配备专用的养护设备。

（2）应配备高压水（或高压空气）冲刷空隙内灰尘、泥沙。

（3）排水性沥青铺装巡查检测、清洗与保养应根据实际要求配备相应机具设备。

（4）清扫设备应具备桥面清扫、垃圾回收等功能。应采用吸扫式或全吸式清扫设备，不得采用纯扫式清扫设备。

（5）机械设备应配备持上岗证书的操作人员，并注意做好机械设备的保养工作，确保安全使用，提高机械设备的使用率。

五、养护要求

（一）日常清扫与清除

1. 日常清扫

（1）对于尘土、落叶、杂物等造成的桥面污染，应及时清扫，保持桥面清洁。尤其要加强中央分隔带和超车道之间桥面、应急车道的清扫。

（2）清扫频率应根据桥面污染程度、交通量的大小及其组成、气候及环境条件等因素而定，至少应每天清扫一次。清扫时间应避开车流高峰时段。对于应急车道，清扫频率应适当增加。

（3）清扫时应采用机械设备，并配备冲洗、抽吸回收的清扫保洁设备。

（4）清扫桥面时，禁止使用钢丝刷等工具。

（5）清扫桥面后的垃圾不得随意倾倒，应运至指定地点或垃圾场妥善处理。

2. 日常清除

（1）当发现桥面上有妨碍正常交通的杂物污染桥面时，应立即予以清扫或清除。

（2）当排水性沥青铺装被油类物质或化学物品污染时，应先喷洒液态化学中和剂处理，然后用水冲洗干净。不宜采用砂土、木屑进行覆盖处理。若不得已采用砂土、木屑进行覆盖处理，应及时清理。

（3）不得使用对沥青混合料有溶解效果的化学物质，不得采用有腐蚀作用的化学方法（如过氧化氢溶液等）。

桥面 OGFC 排水性沥青铺装硬路肩灰尘清扫见图 24-19。

a)

b)

图 24-19　桥面 OGFC 排水性沥青铺装硬路肩灰尘清扫

（二）排水功能恢复养护

（1）排水功能恢复养护应使用符合排水性沥青铺装功能恢复要求的设备。

（2）排水功能恢复养护分为全面排水功能性养护和局部排水功能性养护。

（3）桥面排水功能恢复养护应根据交通量、污染程度、路段加权平均渗水系数残留率、养护资金等情况进行综合分析后确定。

①当排水性沥青铺装的功能衰减较严重，实测渗水系数小于800mL/15s时，应进行桥面排水功能恢复养护。

②桥面排水功能恢复养护应覆盖该路段的所有车道的排水性沥青铺装，不得遗漏。

③针对严重的功能性衰减，即进行连续3次桥面排水功能恢复养护后仍然无法达到要求的，应进行小修、中修、大修，以进一步恢复桥面排水功能。

（4）除桥面排水功能恢复养护外，还应根据桥面污染情况，及时进行不定期的局部排水功能性养护。

①可根据桥面污染情况，适当在排水配套设施附近及邻近车道进行局部排水功能性养护。

②当发现桥面上有可能引起排水功能性衰减的杂物或堆积物时，应立即清除，并及时安排局部排水功能性养护。

（三）桥面其他设施养护

（1）应定期巡查和养护排水配套设施，如明沟、管道。

（2）应经常检查沥青桥面的排水情况。每季度应至少检查一次，检查时间宜在雨后1～2h。若发现桥面有明显积水的部位，应分析原因，及时采取维修养护措施。

桥面附属设施的日常检查见图24-20。

图24-20 桥面附属设施的日常检查

（四）雨季检查及维护

（1）在雨季到来之前，应对全部桥面排水系统及路堤边沟、涵管、泵站、集水井、沉淀池等所有排水设施进行全面检查和疏通，修复损坏部位，处理水毁隐患，清理路肩和边坡蒿草。应加强雨季排水，及时处理桥面水毁设施。

（2）雨天应加强桥面巡查，及时清除堵塞物并疏通排水孔。暴雨过后应重点检查排水孔，如有冲刷、损坏，应及时修复。

（五）除雪与防冻

（1）应根据排水性沥青铺装的特点制订切合实际的除雪及防冻计划，避免使用易堵塞空隙的防冻、防滑材料。

（2）进行除雪及防冻作业时，应以机械作业为主，人工作业为辅。

（3）排水性沥青铺装的积雪应及时清除，不可堆积于桥面，见图24-21。

（4）桥面的泄水管、排水槽如有堵塞，应及时疏通，使其保持畅通。

（5）应保持桥梁上设置的封闭式排水系统的各排水管道畅通，排水系统的设备如水泵等应正常工作，若有堵塞应及时疏通，若有损坏则应及时更换。

为了消除桥面积雪产生的"昼水夜冰"安全隐患，同时减少桥面铺装积水，必须建立"桥面零积雪"制度。

图 24-21　清除桥面积雪

六、桥面病害处治

1. 一般要求

（1）对于排水性沥青铺装上出现的各类病害，必须及时、快速处理。当发现直接危及正常交通和行车安全的病害，应立即按有关要求进行修复。

（2）应分析病害产生的原因，并根据桥面的设计使用年限、维修季节、气温等实际情况，采取相应处治措施。

（3）在桥面维修的过程中，翻挖废料不应堆放于排水性沥青铺装上，不得影响其排水功能。

（4）排水性沥青铺装的修复应依原桥面结构进行，注意做好防水层及排水性沥青混合料与周边接合处的排水，避免影响桥面整体排水性能。

2. 污染与堵塞物预防

维护与检修桥面附属设施时，必须对排水性沥青铺装进行有效的保护，防止污染与堵塞物进入面层内。

3. 裂缝类损坏维修

排水性沥青铺装裂缝类损坏分为纵向裂缝、横向裂缝、网状裂缝和龟裂。对于主要裂缝宽度为3mm以下的裂缝类损坏无须进行灌缝，应尽量避免因灌缝而造成的排水不畅。

（1）对于不影响排水功能且主要裂缝宽度在3mm以上的横向裂缝或纵向裂缝损坏，应凿除裂缝两侧10cm宽度区域，按坑槽维修方法处理。

（2）对于灌缝后会引起排水功能受阻且主要裂缝宽度在3mm以上的裂缝损坏，应凿除裂缝区域，按坑槽维修方法处理。

（3）对主要裂缝宽度大于3mm的网状裂缝、龟裂，应进行中修或大修，重新铺筑面层。

（4）对因水泥混凝土调平层引起的反射裂缝等，应铣刨裂缝区域的排水性沥青铺装上面层，下面层采用直接灌缝处理后，或者修复水泥混凝土调平层后，再按由下及上的顺序，依次回填维修至沥青铺装表层。

4. 松散类损坏维修

排水性沥青铺装松散类损坏主要分为坑槽、松散等。

（1）桥面坑槽修补材料宜选用排水性沥青混合料。

（2）仅涉及面层的坑槽，应按下列规定进行小修：

①排水性沥青铺装维修时不应对排水性沥青铺装进行切割作业，应进行开凿或铣刨作业，然后

使用机械吸出或吹出进入排水性沥青铺装空隙的堵塞物。

②彻底清除修补面的施工废料，并用空气压缩机吹净空隙内的泥土，在槽底涂刷改性乳化沥青或热沥青防水层。防水层仅洒布或喷涂于排水性沥青混合料与密级配沥青混合料之间，不得洒布或喷涂于排水性沥青混合料之间。

（3）排水性沥青铺装出现松散、麻面和脱皮现象时，不得采用封水性质的养护措施，应针对病害区域，适当扩大后局部凿除，对周边空隙进行清理，再按规定的维修方法进行处理。

5.变形类损坏维修

（1）排水性沥青铺装变形类损坏分为车辙和拥包等。

（2）对于深度小于或等于15mm的车辙，以及波谷高差起伏小于15mm的拥包，在不影响行车安全的前提下，先进行观测。

（3）对于深度大于15mm的车辙，应按《公路养护技术规范》（JTG H10—2009）及相关规范的要求，先对排水性沥青铺装铣刨处理后，再重新铺筑沥青铺装面层。

第二十五章 桥面沥青铺装病害处治

运营期桥面铺装的养护是项目建设成果的延续,是其全寿命周期的重要阶段。在此期间,必须坚持及时处治沥青铺装病害,精细养护。

第一节 病害处治原则和质量要求

一、病害处治原则

1. 精准施策原则

在进行病害处治方案设计时,应注意如下几点:一是突出针对性,将病害问题梳理到位;二是突出科学性,将质量目标制订到位;三是突出操作性,将措施制订到位。

有病害的桥面沥青混凝土铺装层铣刨后,应进一步根据现场实际情况采取以下处治措施:

(1)若桥面水泥混凝土调平层完好无损,则只凿毛其表面浮浆,重做桥面防水黏结层,然后铺筑新的沥青混凝土。

(2)若桥面水泥混凝土调平层存在局部小范围的破损,则用同强度等级聚合物混凝土局部修复水泥混凝土调平层,凿毛其表面浮浆,重做桥面防水黏结层,然后铺筑新的沥青混凝土。

(3)若发现水泥混凝土调平层开裂、松散面积超过铣刨面积5%以上,则重做桥面水泥混凝土调平层,凿毛其表面浮浆,重做桥面防水黏结层,然后铺筑新的沥青混凝土。

2. 彻底根治原则

应按照长寿命设计理念一次性根治病害,不能仅仅处治面层病害而忽略深层病害。某桥面大修通车不足一个月,桥面又出现病害,见图25-1。

病害要根治,必须重视病害处治方案:

(1)对行车道仅上面层出现严重病害的路段,铣刨沥青混合料上面层,清理干净后,洒布黏层油,重新铺筑沥青混合料上面层。

(2)对行车道上、下面层均出现严重病害的路段,铣刨沥青混合料上、下面层。清理干净

图25-1 桥面铺装病害处治不彻底,又产生新的病害

后,先对水泥混凝土调平层进行质量检测,若有局部破损,则采用同强度等级水泥混凝土修补,并

对表面浮浆凿毛后，逐层施作SBS改性沥青同步碎石封层，然后铺筑沥青混合料下面层，洒布SBR改性乳化沥青黏层，铺筑沥青混合料上面层。

3. 小块合并、减少接缝原则

在病害处治方案设计过程中，小块病害的位置间隔很小时，应将小块病害合并成一个长段落以减少接缝。相邻病害应一次处治，见图25-2。

4. 经济适用原则

桥面铺装病害处治时，如果应急车道无明显病害，可仅处治行车道，不对应急车道进行处治，见图25-3。

图25-2　相邻病害应一次处治

图25-3　应急车道无明显病害则不进行处治

5. 安全环保原则

病害处治应及时，不能因小病害引发大破损，从而确保桥面行车安全。施工过程的废弃物必须全部回收并运出作业面，不得从桥上倾倒在下方道路、河流或山谷中，造成安全隐患和环境污染。

6. 规范施工、修旧如新原则

施工前精心组织生产要素，合理安排工期，确保工程质量。对于新通车项目的病害处治，必须坚持"修旧如新"的原则，确保其服役寿命与原工程一致。

二、病害处治质量要求

1. 原材料合格

原材料各项指标必须满足要求。

2. 工艺合理

（1）严格控制沥青混合料中各种矿料配合比和沥青用量。

（2）沥青混合料应均匀一致，无花白和结团成块现象。

（3）摊铺时应严格控制厚度和平整度，控制摊铺和碾压温度。

（4）混合料表面应平整、密实，无泛油、松散、裂缝以及粗细集料离析现象，表面无明显碾压轮迹。

（5）接缝紧密平顺，与其他构造物衔接应平顺、无积水。

3. 施工质量要求

（1）确保混合料运输过程中保温措施到位，防止温度散失严重。

（2）控制混合料摊铺速度、平整度及摊铺温度。

（3）碾压机械设备组合、碾压速度合理。

4. 工程耐久

施工效果应确保工程质量耐久，杜绝"一次成病，多次修补"的现象发生。

第二节　病害调查与精准分析

一、病害现场调查、勘测

病害现场调查、勘测内容应包括运营公路名称、桥梁工程名称、病害位置、病害类型、病害范围及面积等。

病害现场调查、勘测过程见图25-4、图25-5。

图25-4　沥青铺装病害现场调查

二、对现场采样的混合料进行室内试验

1. 抽提试验

试验按照《公路工程沥青及沥青混合料试验规程》（JTG E20—2011）要求，在桥面不同位置取芯，对混合料的级配和沥青含量进行试验。

2. 沥青结合料性能指标试验

对通过抽提试验分离出的沥青结合料进行性能指标试验，试验按照《公路工程沥青及沥青混合料试验规程》（JTG E20—2011）的要求进行。

a)

b)

c)

图25-5　沥青铺装病害现场勘测

三、对病害原因进行精准分析

为了给病害处治提供科学的依据,进行现场病害调查、勘测和室内试验后,必须对病害的原因进行精准分析。内容包括:

(1)病害类型必须准确。特别是车辙、坑槽等病害,应准确分清其严重程度,以便精准施策。

(2)病害位置必须准确。

(3)病害涉及范围必须准确。如果病害叠加,则应考虑全部铣刨,一次根治。

(4)病害层位必须准确。对于坑槽病害,必须通过现场病害调查、勘测,对其产生的原因、病害所处的层位(究竟是表层沥青铺装的坑槽,还是中层调平层开裂、破损引起的病害,还是底层梁板顶板开裂或顶板破损造成沥青铺装空洞等)作出精准的分析。

以某桥面铺装坑槽修补为例,在施工前期,也进行了病害调查,施工后逐层破除,但在修复时没有查清病害根源,未发现病害是由于水泥混凝土调平层破坏所致。本应先进行调平层的修复,再进行沥青层的铺筑,但养护施工单位却直接在其上铺筑沥青混合料。这种处治方法,根本无助于病害的治理。

在日常的养护工程施工中,这类现象不在少数,既浪费了资源(人力、财力、物力及道路资源),又没有成功解决病害,见图 25-6～图 25-9。

图 25-6 现场查明属于水泥混凝土调平层破损

图 25-7 雨天积水浸泡了已切割开挖的铺装层

图 25-8 未进行水泥混凝土调平层修复,就涂油回填沥青混合料

图 25-9 桥面坑槽草草回填,耐久性无法保证

第三节　病害处治方案设计

现场病害调查、勘测结束，以及对病害成因进行精准分析后，应进行病害处治方案设计，主要包括以下几个方面。

一、沥青铺装结构设计

桥面沥青铺装层结构设计参照表 25-1 进行。

桥面沥青铺装层结构设计　　表 25-1

结构层	厚度或材料用量	混合料类型设计方案 1	混合料类型设计方案 2
上面层	40mm	SMA-13	AC-13
黏层	0.3~0.4kg/m²	SBR 改性乳化沥青	SBR 改性乳化沥青
下面层	60mm	SMA-16 或 AC-20	AC-20
封层	碎石粒径 4.75~9.5mm（8~10kg/m²）、SBS 改性热沥青（1~1.2kg/m²）或 10mm AC-5 沥青砂	SBS 改性热沥青 + 粒径 4.75~9.5mm 碎石或 10mm AC-5 沥青砂	SBS 改性热沥青 + 粒径 4.75~9.5mm 碎石或 10mm AC-5 沥青砂
防水黏结层	0.3kg/m²+0.3kg/m²（洒布两遍）	SBR 改性乳化沥青	SBR 改性乳化沥青

二、沥青铺装材料设计

桥面沥青铺装的下面层与水泥混凝土调平层接触，其承受的剪应力比一般路段大，容易产生失稳型车辙。为了提高桥面沥青铺装的耐久性，一般可在桥面沥青铺装下面层沥青混合料中添加 0.1%~0.3%（占沥青混合料质量比）的聚酯纤维，以提高沥青混合料抗车辙能力，增强桥面的高温稳定性。其他铺装材料同建设期桥面沥青铺装材料。

三、沥青铺装混合料配合比设计

沥青铺装混合料配合比应通过试验确定，试验按照《公路工程沥青及沥青混合料试验规程》（JTG E20—2011）的要求进行，可为病害处治提供科学的配合比设计。

进行下面层配合比设计时，要考虑混合料的抗车辙能力、桥面层间黏结能力、防渗水能力。桥面沥青下面层混合料级配应采用骨架密实结构或者悬浮密实结构，渗水系数应小于 80mL/min；上面层混合料级配应较路基段落偏细，渗水系数应小于 50mL/min。

四、其他处治方案设计

桥面病害的其他处治方案设计还应包括养护工程的交通组织、各类养护材料的料源与料场、废弃材料的堆放、工程概预算等。

第四节 病害处治施工组织

一、交通安全与保畅要求

根据工程特点和施工工艺，可采用两种施工封闭方案。

1. 单车道封闭方案

桥面点病害及单车道病害采用半幅单车道封闭施工方案。单车道封闭施工方案采取主要道路保畅措施，具体要求如下：

（1）采用单车道封闭施工，每天开工的作业面不宜过多；

（2）在施工路段依据《公路养护安全作业规程》（JTG H30—2015）依次布设如下警示标志和安全设施：施工标志、施工距离标志、限速标志（如60km/h）、施工长度标志、限速标志（如40km/h）、慢行标志、车道数减少标志、改道标志、导向标志、防撞桶、锥形桶（根据施工路段长度每3m布设一个）、解除禁止超车标志；

（3）在施工路段每施工段落设置专职安全员2名，全天候24h配合路政交警疏导交通，及时规范道路标志标牌的布设。

交通封闭见图25-10、图25-11。

图25-10 施工前的交通封闭

图25-11 单车道封闭交通

2. 单幅封闭方案

单幅封闭方案采取的道路保畅要求如下：

（1）严格按照《公路养护安全作业规程》（JTG H30—2015）依次布设如下警示标志和安全设施：施工标志、施工距离标志、限速标志（如60km/h）、施工长度标志、限速标志（如40km/h）、慢行标志、车道数减少标志、改道标志、导向标志、防撞桶、锥形桶（根据施工路段长度每3m布设一个）、解除禁止超车标志。

（2）通行路段安排专职安全员2名，全天候24h配合路政交警疏导交通，及时规范道路标志的布设。

具体封闭方案和安全设施设置应满足相关规范要求。

二、交通保畅措施

(一) 施工作业区管理

1. 施工作业区划分

施工作业所设置的交通管理区域分为警告、上游过渡、缓冲、工作、下游过渡和终止六个区域。

(1) 警告区为从作业控制区起点到上游过渡区之间的路段，应设置施工标志，用以警告车辆驾驶员已经进入施工作业路段，按交通标志调整行车状态。警告区长度不小于1000m。

(2) 上游过渡区为从封闭车道的上游横向过渡到缓冲区旁边非封闭车道的路段。

(3) 缓冲区是上游过渡区和工作区之间的路段。

(4) 工作区是施工作业区的施工操作区。

(5) 下游过渡区为从工作区旁边的车道横向过渡到正常车道的路段。

(6) 终止区设置于工作区下游，是用以调整车辆行车状态的路段。

施工区域的交通管制见图25-12。

图25-12 施工区域的交通管制

2. 施工作业区的基本要求

(1) 施工作业区应考虑本项施工作业的内容与要求、时间和周期、交通量、经济效益等因素，作业区内交通标志的设置必须合理、前后协调，起到引导车辆平稳安全通过的作用。

(2) 作业区应设置工程车辆专门的进出口，进出口设置在行车方向的下游过渡区内。

(3) 雨雾天不宜进行作业，需要进行施工作业时，所有安全设施必须设置黄色施工警告灯。

(二) 交通设施管理

施工交通设施的设置是为了保护养护维修作业人员和设备的安全，警告、提醒和引导车辆、行人安全通过养护维修作业控制区域，加强安全防范意识。

施工标志牌外观、功能应符合国家相关行业标准，并配备具有反光功能的锥形桶。

施工标志牌的摆放从距离施工点3km起，设置"前方2km施工"、"前方1km施工"、"前方500m施工"、"前方300m施工"、"左(右)道封闭"、"限速40km/h"、"禁止驶入"、导向箭头、解除限速、解除禁超标志牌。标志牌之间应间距200m以上，在施工作业区按照最小3m的间距摆放锥形桶。

施工退场时，行车方向的前方施工车辆在安全员的指挥下，打开警示设备，由前向后退着收取锥形桶和警示牌。

(三) 施工现场管理

每个作业点配备2名以上安全员，而且安全员必须接受一定的专业培训，考核合格后方可上岗。安全员必须在施工区域前50～100m范围内，指挥车辆安全通过施工区域。由于施工使车辆必须变道行驶，在恢复正常交通以前，安全员必须在施工现场负责交通指挥和警戒，以保护施工区域内的人员和车辆安全，预防各类事故发生。

安全员在现场指挥施工车辆时，在距离养护作业控制区 300m 以外时，提前示意车辆减速慢行。安全员必须保证举止端庄、手势规范，遵循"挡慢不挡快、挡大不挡小"的原则，以确保在发生紧急情况时，采取有效安全措施，保证施工人员的安全。

安全员在工作期间，必须穿着安全员专用服装，不得与其他服装混穿，并随身携带必备的安全防护和交通指挥器材。

安全员应时刻保持警惕，应将可能发生的安全隐患作为防范重点。

（四）施工人员及设备管理

在施工的过程中，施工人员必须挂牌上岗，并穿着具有明显反光标志的施工标志服进入施工现场。车辆悬挂具有反光功能的施工车辆标志。施工过程中严禁施工人员、车辆擅自离开施工区域、穿越公路等违规行为的发生。车辆驾驶员、机械操作手必须严格遵守施工秩序，按要求行驶和摆放车辆，驶出（入）施工区域必须在安全员的指挥下进行，绝对禁止在公路上发生掉头和逆行等违规行为。施工车辆在养护作业区移动时，严禁载人。

规范有序的施工现场见图 25-13。

图 25-13　规范有序的施工现场

三、安全应急预案

1. 事故应急组织

为加强施工期间应对突发事件，应成立应急处置领导小组，负责工程施工期间出现突发事件时，迅速协调各方疏导交通，组织处理施工路段的突发事件。

2. 交通堵塞处理

（1）路政、交警、建设单位、施工单位四方互通信息，最先到达现场的一方应在第一时间通知其他各方。

（2）及时向上级领导报告现场情况，根据上级指示，必要时通过可变信息标志等措施引导车辆按照预案设定的路线绕行。

（3）路政、交警部门依照各自职责，迅速勘查现场，排除障碍，清理现场。

（4）采取临时通行、变道分流及间断单向放行等疏导措施，力保车辆通行。

第五节　沥青铺装表层坑槽处治

沥青铺装表层坑槽处治应按照以下工序进行。

一、沥青铺装表层集中连片、大面积坑槽处治工序

发生在沥青铺装表层的集中连片、大面积坑槽的处治工序见图 25-14。

图 25-14 沥青铺装表层集中连片、大面积坑槽处治工序

（一）沥青铺装坑槽铣刨或切割与开挖

在标记坑槽病害的位置，先对集中连片、大面积坑槽进行整体铣刨，再对桥面水泥混凝土调平层进行检查，彻底对桥面铺装病害进行处理。

1. 铣刨要求

（1）铣刨宽度和起讫位置应根据病害发生层位确定，铣刨深度以层间控制为准，不得出现夹层。

（2）铣刨宜采用性能良好的铣刨机进行施工。

（3）铣刨作业时，应配备熟练操作手 3～4 名，设现场工程师 1 名，负责参与铣刨的技术、质量管理，并按以下铣刨工艺进行施工：

①找准不变形的部位，确定铣刨基准面。

②由现场工程师进行施工放样，确定铣刨路段、起讫位置和铣刨宽度，并经监理工程师复核认可。

③铣刨应保证纵向边线的顺适，铣刨时铣刨机边线控制以标线（或放样线）做行车控制线，行车道与超车道因是虚线，由人工用白粉画出无标线部分，铣去标线时连外线，否则连内线，对两侧有拥包的部位应根据实际情况局部加宽铣刨。铣刨刀片必须深浅一致，以保证铁刨纹理清晰，基底平整。

④铣刨深度控制：有车辙但中间或两边无隆起时，铣刨深度应控制在设计值范围内，车辙过深或有拥包时铣刨机应逐渐增加铣刨深度，铣刨过车辙过深段或拥包处后铣刨机洗刨深度又逐渐恢复正常，铣刨最终应达到横向顺直，以行车道两侧纵向标线处的高程为基准，向下铣刨的深度值不得小于设计值，每 10m 拉线检测一个断面，每个断面测 4 点。

⑤铣刨用水量控制：用水量以刚好润湿铣刨刀片、渣料潮而不湿、铣刨后地面无水迹为原则，便于铲渣、清扫和吹尘。

⑥清渣：清扫铣刨残渣时，最好使用多功能清扫车进行粗扫，速度快且清扫质量好。

⑦除尘：采用吹风除尘，宜使用大于 $9m^3/min$ 以上的空压机，工作效率较高，吹风除尘效果较好。

桥面病害铣刨见图 25-15。

2. 铺装层切割

切割采用切割机，切割前由测量人员在桥面弹出白涂料线，确保切割线顺直，减少后道工序对桥面的损坏。

（二）调平层水泥浮浆的凿毛与清理

水泥混凝土调平层的浮浆是诱发桥面防水层失效、层间结合破坏、桥面铺装破坏的主要因素。因此，若不彻底凿出桥面浮浆，浮浆在行车荷载的作用下，因抗剪能力不足而产生层间剥离破坏，并在水的侵蚀作用下破裂，导致其上层沥青混凝土层破坏。桥面凿毛时，不但要去除浮浆，还应形成一定的粗糙面。

（1）对混凝土铺装表面用精铣刨机进行凿毛处理。沿着横向排水的方向每 10m 采用 1m 宽铣刨机进行凿毛处理，横向凿毛完成后再纵向凿毛处理一遍，形成十字交叉处理，构造深度不小于 1mm。凿毛时不应破坏粗集料。作业面重叠 10～20cm，搭接部分应平顺。

（2）桥面浮浆的废渣用强力清扫车清扫后，全断面再用空压机吹尘。施工防水层前用森林灭火器再次吹尘，保持工作面干燥、清洁。

（3）水泥浮浆未处理的，或废渣、粉尘清理不干净的，严禁进行防水层施工。处理后的铺装层顶面应平整、粗糙、干燥、整洁，不得有尘土杂物、油污，桥面横坡应符合要求。当不符合要求时应及时予以处理，对尖锐凸出物及凹坑应予打磨或修补。

（三）调平层黏层油洒布和同步碎石封层施工

（1）黏层油洒布。大面积施工时，应采用智能型沥青洒布车洒布黏层油。在正式洒布前，对施工机械车轮上有泥土的部位进行清洁，且应进行试洒。在洒布过程中，洒布车应保持匀速行驶，确保洒布均匀。施工期间，如遇下雨，应在下承层表面充分干燥的条件下洒布。

对于面积较小的调平层，可采用人工洒布的方式进行黏层油喷洒，见图 25-16。

图 25-15　桥面病害铣刨

图 25-16　人工洒布黏层油

（2）同步碎石封层施工。乳化沥青喷洒破乳后，应进行同步碎石封层施工。严格控制车辆速度，做好启动和纵、横向交接的位置观察，确保集料撒布均匀。

（四）沥青铺装分层铺筑与压实

1. 混合料摊铺要点

（1）摊铺前提前预热熨平板，温度不小于120℃。

（2）混合料摊铺温度应比路基段提高3～5℃，自卸车辆必须全覆盖保温运输。

（3）摊铺速度应比路基段慢，按1.5～1.8m/min控制。

2. 混合料压实要点

混合料压实应采用振荡压路机、振动压路机与胶轮压路机组合碾压。

（1）沥青混合料铺装压实时，采用振荡压路机，并根据混合料种类、温度和层厚选用适宜的振动频率和振幅，层厚较大时选用较大的频率和振幅，具体频率和振幅应通过试验段确定。相邻碾压带重叠宽度为5～10cm，振荡压路机倒车时应先停止振荡，并向另一方向运动后再开始振荡，以避免混合料形成鼓包。

（2）沥青混合料初压采用双钢轮静压，复压采用振荡压路机与胶轮压路机同时进退的整体连续作业方式，终压采用双钢轮静压。

具体碾压方案应通过试验段确定。碾压必须及时，避免混合料温度降低过快造成碾压不密实而产生渗水现象，从而导致桥面早期破损。

（3）边部碾压时，为避免碰撞桥面混凝土护栏，尽量采用小型压实设备，增加碾压遍数，确保边部密实。

（五）施工缝接合部防水处理

对已施工完成的沥青铺装，可在其接缝周边洒布热沥青封边，防止边部碾压不密实，导致雨水从边部进入结构层。

（六）质量控制与检测

（1）沥青铺装层原材料、混合料、施工质量控制应符合相关规范要求。

（2）施工过程中应随时进行外观（色泽、油膜厚度、表面空隙等）检查，当发现铺筑层局部渗水、严重离析时，必须采取补救措施。

（3）沥青铺装层施工过程中如发现油斑或局部光面，应检测油石比、矿料级配是否偏离设计，拌和是否均匀，有无纤维、矿粉结团和用量偏离设计等情况。若存在以上情况，且情况严重，应铲除沥青铺装层，并调整混合料配合比。

（4）应重点对桥面沥青铺装层压实度和渗水系数进行检测，其中渗水系数检测频率应是普通路段的两倍。

（5）沥青铺装层施工过程中，应对桥面防水层的效果进行评定，确认防水层完整不透水，与桥面板黏结良好。

（6）沥青铺装层与路面连接部位应连接平顺。沥青铺装层施工过程质量检测项目及频率应满足要求。

二、沥青铺装表层小块及点状坑槽病害修补处治

（一）冷、热修补法

沥青路面坑槽的修补方法分为冷修补法和热修补法。

（1）冷修补法，是指在开槽时无须对原路面进行加热，采用冷拌沥青混合料进行修补，可随用随取，填补后碾压成型即可开放交通。由于冷补材料在施工方面限制因素少，但材料的稳定性、耐受荷载的能力和使用周期都有限，因此，冷修补法常被用于应急修补。

（2）热修补法，是指在修补沥青桥面坑槽时，先用一定尺寸的红外辐射板加热破坏处及周边深度3～5cm的沥青桥面，待加热到沥青铺装层软化后，移除破坏处的旧沥青混合料，喷洒黏层油后，填入随车携带的新料，按一定松铺系数摊铺一定厚度，再刮平、压实，待新料冷却后即可开放交通。热修补法的好处是在加热软化原破损沥青面层后加入新料修补，新旧料结合属于热接缝，结合得比较好，容易形成一个整体，优于冷修补法的接缝质量。

（二）就地热再生坑槽修补法

就地热再生坑槽修补法采用高强度辐射热加热墙，先对沥青铺装混合料加热、耙松，喷洒乳化沥青，使沥青料再生；再加入热的新料，用自带的压路机将其压实。该方法能够达到很好的修补效果。主要工艺如下：

（1）测定破坏部分的范围与深度，画出坑槽修补轮廓线（正方形或长方形），适当外移5cm左右，使接缝处理效果更好。

（2）将加热板调整到合适的位置，选择适当的加热区域。

（3）用加热板加热待修的区域，可以自行设定时间，一定时间后桥面被软化。

（4）对耙松软化的桥面进行切边。

（5）喷洒乳化沥青形成一层黏结沥青，从料仓中输出一直保温的新的沥青混合料。

（6）摊铺、整平新的沥青混合料，再喷洒适量乳化沥青作为再生剂。

（7）由边部向中间压实4～6遍。

（8）清理作业区域，混合料冷却后开放交通。

（三）HDC双冷型桥面坑槽快速修补法

1. 材料组成及配合比

HDC双冷型桥面坑槽快速修补法组成材料包括HDC快速修补液、HDC界面胶、纤维、干燥集料。其材料配合比见表25-2。

材料配合比　　　　　　　表25-2

材料类型	粗、细集料		机制砂	矿粉
	5～10mm	3～5mm		
集料（%）（推荐）	30	34	34	2
HDC快速修补液	集料质量的5.0%			
纤维	集料质量的4%			

2. 施工工具

（1）开槽工具。

开槽工具包括发电机、切割机、冲击钻、钢钎、洋镐。

(2)坑槽清扫工具。

坑槽清扫工具包括森林灭火器、扫帚。

(3)混合料拌和和界面胶涂刷工具。

混合料拌和和界面胶涂刷工具包括混凝土平口搅拌机、漆刷、喷壶。

(4)压实工具。

混合料压实必须采用平板振动夯或小型振动压路机,见图 25-17。

图 25-17 小型振动压路机

3. HDC 快速修补材料生产

使用平口搅拌机,按照加集料→加冷补液→搅拌→加纤维→搅拌→出料的顺序,生产 HDC 快速修补材料。其中,AC-10 级配的集料每次添加量为 50~250kg,冷补液和纤维用量为外掺,具体生产过程见图 25-18。

工序 1 加入集料

工序 2 称量冷补液和纤维

工序 3 加入冷补液并搅拌

工序 4 加入纤维

图 25-18

工序5　搅拌均匀　　　　　　　　　　　　　　工序6　出料

图 25-18　HDC 快速修补材料生产

HDC 快速修补材料可使用时间见表 25-3。

不同条件下的 HDC 快速修补材料可使用时间　　　　表 25-3

温度	0℃		20℃		40℃	
外界条件	不喷水	喷水	不喷水	喷水	不喷水	喷水
可使用时间	4h	1.5h	3h	1h	2h	45min

4. HDC 快速修补材料施工过程

（1）坑槽开挖。在桥面局部破损修补前，应将破损处开槽成型。首先确定铺装层破损部分的边界和深度，按照"圆洞方补"原则，画出与路中心线大致平行或垂直的开槽修补轮廓线（矩形），挖除路面松散、破碎的旧料直至坚实部分。要求成型的坑槽壁面尽可能与路面保持垂直，坑槽底部平整、坚实。

（2）坑槽清理。扫除槽内槽壁砂石等杂物和积水，并用吹风机吹干净坑槽四周灰尘。

（3）HDC 界面胶涂刷。在摊铺快速修补材料之前，先向坑槽壁面和底面均匀地涂刷一层 HDC 界面胶。在桥面离坑槽边缘 2cm 内也应涂刷 HDC 界面胶，使修补材料与原桥面黏结更加密实。

（4）填料。将修补材料倒入坑槽中，松铺系数按 1.3 左右控制，在坑槽边部应填补细料。一般情况下填料高出桥面 1～2cm，填满后坑槽中央应稍高于桥面呈凸状。对于破损深度在 5cm 以上坑槽，应以 3～5cm 为一层，分层填补、逐层压实。

（5）压实。铺设均匀后，使用小型振动压路机或平板振动夯将修补层压实。

（6）养护并开放交通。修补完的坑槽表面应平整，坑槽四周和边角应压实良好，无松散等现象，坑槽修补完毕即可开放交通。

具体施工过程见图 25-19。

a) 坑槽开挖　　　　　　　　　　b) 坑槽清理

c) 涂刷 HDC 界面胶　　　　　　　d) 补修补材

e) 修补材料压实　　　　　　　　f) 施工完成

图 25-19　HDC 快速修补材料施工过程

第六节　调平层破损导致的沥青铺装唧浆、坑槽处治

由于水泥混凝土调平层破损导致的沥青铺装坑槽见图 25-20。

水泥混凝土调平层破损导致的沥青铺装唧浆、坑槽病害处治工序见图25-21。

```
┌─────────────────────────────────────┐
│ 沥青铺装坑槽铣刨或切割与开挖         │
├─────────────────────────────────────┤
│ 水泥混凝土调平层表面检查，破损面破除与清理 │
├─────────────────────────────────────┤
│ 调平层水泥浮浆的凿毛与清理           │
├─────────────────────────────────────┤
│ 水泥混凝土调平层的重新浇筑与养护     │
├─────────────────────────────────────┤
│ 调平层防水黏结处理                   │
├─────────────────────────────────────┤
│ 沥青铺装分层铺筑与压实               │
├─────────────────────────────────────┤
│ 施工缝接合部防水处理                 │
├─────────────────────────────────────┤
│ 质量检测、开放交通                   │
└─────────────────────────────────────┘
```

图25-20　水泥混凝土调平层破损导致的沥青铺装坑槽

图25-21　水泥混凝土调平层破损导致的沥青铺装唧浆、坑槽处治工序

一、沥青铺装的切割与开挖

现场核对、标记病害位置，见图25-22，确保病害铣刨或切割准确。

二、调平层破损面的破除与清理

沥青铺装铣刨后如果水泥混凝土调平层出现局部松散、坑槽、裂缝等病害，应彻底凿除混凝土调平层，并修复钢筋网片。

沥青铺装病害铣刨见图25-23，水泥混凝土调平层破损面破除、吹扫见图25-24～图25-26。

图25-22　现场核对、标记病害位置

图25-23　沥青铺装病害铣刨

图25-24　水泥混凝土调平层破损面的破除

图 25-25　采用高压风枪吹扫混凝土残渣　　　　图 25-26　破除面不得产生新的夹层

三、调平层的重新浇筑与养护

1. 钢筋搭接与焊接

钢筋网片质量应符合要求，钢筋的焊接严格按照相关规范进行，凿除水泥混凝土铺装层时，横向要预留搭接长度，钢筋接头在同一截面上不能超过 50%，钢筋接头采用电弧焊焊接工艺，两钢筋搭接端头应预先折向一侧，使两结合钢筋轴线一致，接头双面焊接时不小于 $5d$（d 为钢筋直径），单面焊接时不小于 $10d$，钢筋网片应与梁体预留钢筋焊接，确保在浇筑混凝土时不出现钢筋网片上浮或下沉。钢筋搭接与焊接见图 25-27。

2. 调平层混凝土浇筑与养护

（1）要严格控制混凝土的坍落度，使其满足设计要求且保持稳定性。

（2）在收面过程中严格控制收面工艺，并在混凝土终凝前用 3m 直尺进行测量，对于平整度不合适的点位及时进行处理，确保混凝土桥面平整，消除因局部平整度差或纵横坡交会处的零坡点平整度差而造成的片状积水现象。

（3）如遇工期较紧，必须优化混凝土调平层的施工计划，确保混凝土有足够的强度增长期。杜绝在冬季对水泥混凝土调平层进行施工，避免混凝土受冻或强度增长过慢。

（4）施工完成的混凝土调平层，立即进行规范化养护，见图 25-28。

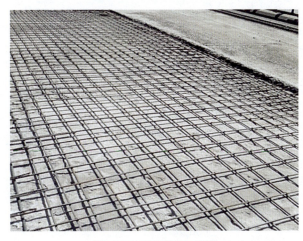

图 25-27　钢筋搭接与焊接　　　　图 25-28　对调平层混凝土覆盖养护

3. 混凝土强度检测

混凝土强度采用标准养护方法进行评定，强度应符合《公路桥涵施工技术规范》（JTG /T 3650—2020）要求。现场检测见图 25-29。

四、调平层水泥浮浆的凿毛与清理

调平层混凝土养护完成并达到强度要求后，应采用具有自动调平系统的先进铣刨机进行精铣刨，也可采用甩锤方式对不平整的水泥混凝土进行处理。

在精铣刨过程中，要保持刀头长度一致，刀片高度在一个平面上，下刀深度均匀，避免出现局部刻槽过深现象。

对重新施工的混凝土调平层进行浮浆处理见图 25-30。

图 25-29　二次修复的调平层混凝土强度回弹检测

图 25-30　对重新施工的混凝土调平层进行浮浆处理

五、与既有沥青铺装接合部的处理

桥面铺装纵、横向接合部搭接方式如下：

（1）桥面纵向分台阶铣刨，在原桥面各结构层上铣刨宽 15cm 的台阶，然后铺筑新的沥青混合料。摊铺新沥青混合料前，在与旧沥青桥面接缝处涂刷 SBR 改性乳化沥青黏层油。

（2）桥面横向与原铺装衔接时，在原桥面各结构层上铣刨宽 1m 的台阶，然后铺筑新的沥青混合料。摊铺新沥青混合料前，在与旧沥青桥面接缝处涂刷 SBR 改性乳化沥青黏层油。

与既有沥青铺装接合部必须进行凿毛处理，见图 25-31。

六、在调平层上喷洒防水黏结材料

将桥面铺装层清扫干净后，应喷洒防水黏结材料，见图 25-32。

七、沥青铺装分层铺筑与压实

沥青铺装分层铺筑与压实与前文所述工艺相同。桥面下面层混合料铺筑与压实见图 25-33。

图 25-31　与既有沥青铺装接合部必须进行凿毛处理

图 25-32　喷洒黏层油

a)

b)

图 25-33　桥面下面层混合料铺筑与压实

八、施工缝接合部防水处理

对已施工完成的铺装,在其接缝周边洒布热沥青封边,防止边部碾压不密实导致雨水从边部进入结构层。对横向接缝和纵向接缝采用热沥青进行灌缝。

九、质量控制与检测

质量控制与检测同"第五节　沥青铺装表层坑槽处治"之"一、沥青铺装表层集中连片,大面积坑槽处治工序"的质量控制与检测。

第七节　梁板破损导致的沥青铺装破洞病害处治

梁板破损导致水泥混凝土调平层破损,进而造成桥面沥青铺装失去支撑,产生破洞,是沥青铺装病害处治中,最为复杂的一种类型。见图 25-34。

梁板破损导致的沥青铺装破洞病害处治工序见图25-35。

对于梁板破损部位的重新施工，其工序主要包括以下几点。

一、清理破损梁板上的沥青铺装层及水泥混凝土调平层

对破损梁板上的沥青铺装层及水泥混凝土调平层进行清理，面积应大于破损梁板的面积。

二、破损梁板结合面的凿除

在依次清理了破损梁板上的沥青铺装层及水泥混凝土调平层后，首先对梁板的破损面进行凿除，凿除至梁板顶面厚度、强度等合格的部位为止。之后，找到梁板既有的钢筋，将其周边受损的混凝土清理干净，准备与新布设的钢筋连接。

三、梁板钢筋焊接

按照梁板设计的钢筋位置、数量，重新布设钢筋并焊接牢固。

四、在梁板顶面植筋

在梁板顶面位置植入连接水泥混凝土调平层的钢筋。

五、梁板混凝土浇筑与养护

将拌和好的与原设计标号一致的混凝土浇筑在梁板顶板内，振捣密实。用透水土工布将其覆盖严实，并按照要求进行养护。

六、梁板顶面浮浆凿毛

水泥混凝土养护期满，强度满足要求后，采用凿毛设备将其表面浮浆凿除，并清理其废渣。

七、水泥混凝土调平层及沥青铺装的重新施工

该道工序与上节施工工序相同。

图25-34 某桥梁运营期梁板破损产生破洞

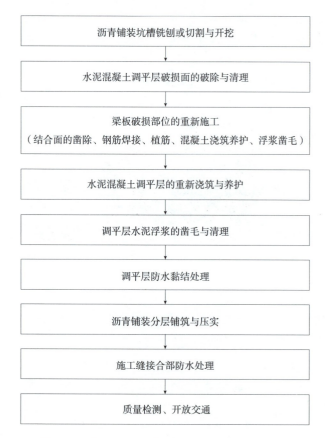

图25-35 梁板破损导致的沥青铺装破洞病害处治工序

第八节　桥面车辙处治

一、轻微车辙病害处治

对于轻微车辙病害，在不影响行车安全的情况下，可进一步观察观测，维持现状。见图 25-36。

考虑车辙程度较轻、层次较浅，可先采用简单铣刨处理，后采用微表处加铺超薄磨耗层等罩面类方案进行处理。

1. 车辙铣刨处理

车辙的简单铣刨处理、回填处治见图 25-37、图 25-38。

图 25-36　桥面沥青铺装轻微车辙

图 25-37　车辙的铣刨处理

a)

b)

图 25-38　"W"形车辙的回填处治

2. 微表处

微表处是采用专用摊铺设备将聚合物改性乳化沥青、集料、矿粉、水和添加剂等按合理配合比拌和成稀浆混合料并迅速摊铺到原桥面上，形成一层与原桥面结合牢固的抗滑耐磨层。

微表处作为桥面功能的恢复层，主要目的是防止松散、桥面老化、封闭细小的表面裂缝或孔隙，同时提高桥面的抗滑性能，还可以提高桥面平整度，填补 15mm 以内的车辙。微表处具有较好的密封性、抗滑性、耐磨性，能够填补明显的车辙和微小孔洞，对沥青桥面铺装起到密封作用。

微表处一般适用于桥面出现轻微网状裂缝、松散、麻面、渗水、老化、抗滑能力不足，有明显车辙、平整度差的桥面。在实施微表处前同样需要对原沥青桥面出现的明显病害进行挖补、灌封处理，特别是桥面铺装层存在连续点状坑槽时，需要提前修补好坑槽，最后统一对桥面宽度范围内的超车道、行车道和硬路肩摊铺微表处。

3. 加铺超薄磨耗层罩面

加铺超薄磨耗层罩面适合以下桥面：

（1）出现轻度纵向裂缝、横向裂缝、龟裂、网状裂缝、脱皮、露骨、渗水或严重的脱粒、麻面和摩擦力降低的桥面。

（2）抗滑能力不足的桥面。

在加铺超薄磨耗层罩面前，同样需要对原沥青桥面铺装出现的明显病害进行挖补、灌缝处理，特别是桥面铺装层存在连续点状坑槽时，需要提前修补好坑槽，最后统一对桥面宽度范围内的超车道、行车道甚至硬路肩摊铺超薄磨耗层。

二、严重车辙病害的处治

对病害路段较长、范围较大的严重车辙病害（图 25-39），考虑病害程度较重，对桥面已形成结构性破坏，后期隐患大、使用功能不足、寿命有限，可采用分车道或全幅铣刨重铺处理，见图 25-40。

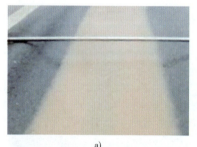

a)

b)

图 25-39 某桥面铺装出现严重车辙

图 25-40 对于车辙深度超出相关规范要求的桥面铺装进行铣刨重铺

对桥面病害部位铣刨后，先喷洒一层 SBR 改性乳化沥青黏层油，增加新旧沥青面层之间的黏结性和防水性。

铣刨重铺可以彻底消除病害，改善桥面的平整度，恢复桥面的功能，延长桥面的寿命。

第九节　桥面裂缝处治

当桥面存在单条裂缝时，可按照相关规定进行裂缝处治。单条裂缝病害处治措施见表25-4。

单条裂缝病害处治措施　　　　　　表25-4

缝宽（mm）	高速公路、一级公路	二级及二级以下公路
≤1	改性乳化沥青灌缝	不处治
>1且≤3	道路石油沥青、改性沥青等灌缝	（改性）乳化沥青、道路石油沥青、改性沥青等灌缝
>3且≤6	改性沥青、密封胶等灌缝或贴缝胶贴缝	道路石油沥青、改性沥青、密封胶等灌缝或贴缝胶贴缝
>6	密封胶灌缝或贴缝胶贴缝	

一、扩缝、清缝和灌缝

（1）施工准备。准备灌缝材料和施工机具。灌缝材料应达到规定的施工温度，施工机具应保持良好的性能。

（2）扩缝。宜用专用开槽机进行扩缝，沿裂缝中线切割凹槽，裂缝两侧壁应分别切除3mm以上，深度宜为15～20mm，开槽深度与宽度的比值小于或等于2。应按切割段的裂缝尺寸并对准中线切割出均匀的凹槽，不得跑锯。

（3）清缝。采用高压空气压缩机或吹风机，必要时采用钢丝刷清理裂缝。若裂缝界面潮湿，则应采用喷火枪加热界面，使界面处于干燥状态，同时预热裂缝界面。

（4）灌缝。采用专用灌缝设备将灌缝材料灌入裂缝内，灌缝枪头应与缝宽相适应，灌缝时应把喷枪对准裂缝，使灌缝材料能均匀自下而上充分填满裂缝，避免填料时下部产生气穴。灌缝材料分2次灌入，间隔3～5min。灌缝材料应完全覆盖裂缝，且应高于桥面1～2mm。灌缝胶重复加热次数不得超过3次，灌缝前应准确计算好每次使用量，以防灌缝材料重复加热而老化失效。涂刷、灌注应连续进行。

（5）清扫。清扫桥面废料，集中装车运离现场。

二、贴缝

（1）检查贴缝材料和施工机具。
（2）根据裂缝宽度裁剪贴缝带。
（3）对自粘式贴缝胶，应将贴缝胶中心对准裂缝。
（4）在裂缝两侧区域涂刷乳化沥青或改性乳化沥青，并撒布一层干燥洁净的石屑或粗砂。

裂缝宽度小于或等于6mm的处治流程见图25-41，

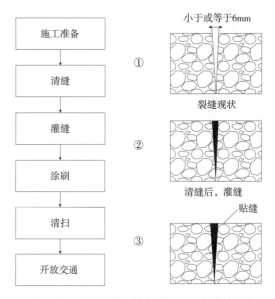

图25-41　裂缝宽度小于或等于6mm的处治流程

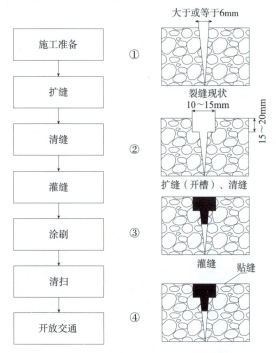

图 25-42 裂缝宽度大于 6mm 的处治流程

图 25-43 灌缝作业

裂缝宽度大于 6mm 的处治流程见图 25-42。

灌缝作业见图 25-43。

第十节 桥面表面光滑处治

一、施工准备

1. 原桥面要求

（1）施工前对桥面进行调查，调查根据《公路技术状况评定标准》（JTG 5210—2018）的要求进行。根据原桥面的情况，有针对性地采取相应的措施进行处理。

（2）进行微表处罩面施工的原桥面必须具有足够的结构强度。

（3）处治原桥面出现的裂缝、坑槽等病害。

2. 材料准备

（1）根据材料的技术要求确定料源。在初步确定料源后，在石料场料堆上取样送交试验室进行配合比设计。取样应参考《公路工程集料试验规程》（JTG E42—2005），满足配合比设计要求的集料，可作为施工原材料的来源。

（2）改性乳化沥青的选用。采用成品改性乳化沥青时，应取代表性的样品送交试验室进行性能检测，检测合格后购买并妥善储存；当采用自产改性乳化沥青时，若经检测不合格，调整配方后重新生产，直至符合技术指标要求。

（3）应选用干燥、疏松、无结团、洁净的填料，根据工程量的大小，储备适量的填料，储存在干燥的环境内，避免与潮湿的空气相接触。

（4）为保证混合料的拌和质量，购进的集料堆放时，应搭棚遮盖。改性乳化沥青的储存时间不宜过长，在不耽误工程进度的情况下可以现产现用。

（5）集料掺配宜采用具有储料、计量和掺配功能的配料设备完成。

二、提升桥面抗滑性能的预防性养护技术

（一）微表处技术

1. 工艺难度

微表处摊铺过程中对微表处混合料的技术性能要求较高，施工控制难度较大。

2. 技术成熟度

微表处技术早在 2000 年引入我国，历经 20 多年各省区域化、特色化应用与发展，在全国各地高速公路广泛推广应用，现已是一项成熟的预防性养护技术。2005 年交通部发布了《微表处和稀浆封层技术指南》，随后辽宁省地方标准《高速公路微表处设计与施工技术规范》(DB 21/T 2234—2014)、福建省地方标准《公路路面微表处设计与施工技术标准》(DB 35/T 1721—2017)、陕西省地方标准《沥青路面微表处设计与施工技术规范》(DB 61/T 1154—2018)、吉林省地方标准《公路沥青路面纤维微表处设计施工技术指南》(DB 22/T 3145—2020) 以及云南省地方标准《再生微表处施工技术规范》(DB 53/T 1024—2021) 相继发布。

3. 适用范围

微表处技术适用于任何等级的公路路面、桥面铺装预防性养护。

4. 价格水平（参考）

21～28 元 /m^2。

5. 封闭交通时长

1～3h，并受现场温度、湿度、光照等因素影响。

6. 施工速度

摊铺速度宜为 15～30m/min。

7. 耐久性能

依据施工水平、原材料性能及交通量，微表处的寿命通常为 2～4 年。

8. 抗滑性能

原桥面车辙深度小于 15mm 时，经微表处技术处治后桥面的构造深度高于 0.6mm，摆值 BPN 大于 48。

桥面微表处技术施工见图 25-44～图 25-48。

（二）超表处技术

超表处技术是通过专用超表处封层车，依次将层间界面剂、乳化高黏沥青或液体高黏沥青、集料、乳化高黏沥青或液体高黏沥青、表面保护剂等材料，同步洒（撒）布施工至原桥面形成的一种具有抗滑、降噪（桥面降噪性可比 SMA-13）功能的表面功能层。

1. 工艺难度

超表处技术为预防性养护专利技术，施工工艺相对微表处技术复杂，需要采用专用施工设备和配备专业技术人员，对材料、设备的技术要求高。

图 25-44　封闭交通、设备就位与桥面除尘

图 25-45　沥青混合料摊铺

图 25-46　桥面伸缩缝处理

图25-47 桥面横向施工缝处理

图25-48 工程监理现场旁站

2. 技术成熟度

自2015年起，超表处技术在国内各高速公路等的应用面积超过$3×10^6 m^2$，广泛应用于对耐久性、低噪性要求较高的高速公路及重载交通国家级、省级干线，于2020年起在陕西省广泛推广。有关超表处技术研发的公司发布了《道路路面抗滑低噪超表处技术规程》（T/CECS G:M52-01—2020），出版了《道路桥面低噪抗滑超表处技术指南》。

3. 适用范围

适用于任何等级的公路路面、桥面铺装预防性养护。

4. 价格水平（参考）

46元/m^2。

5. 封闭交通时长

1～4h，并受现场温度、湿度、光照等因素影响。

6. 施工速度

封层车施工速度为10～30m/min。

7. 耐久性能

依据施工水平、原材料性能及交通量，超表处的寿命通常为3～5年。

8. 抗滑性能

经超表处技术处治后桥面的构造深度为0.48～0.6mm，摆值BPN为55～68。

经过超表处技术处治后桥面的铺装见图25-49、图25-50。

（三）精表处技术

精表处技术是采用专用机械设备将改性环氧沥青桥面养护剂均匀喷洒至沥青桥面，并撒布一层精制玄武岩细集料，形成的具有高耐磨性的桥面保护薄层（厚度小于1cm）。

1. 工艺难度

难度较高。精表处较精细碎石表处工艺更加复杂，且其材料配方及工艺流程为保密技术，分三层进行施工，需要采用专用施工设备和配备专业技术人员。

2. 技术成熟度

新型技术。自2016年起，精表处技术在重庆、四川、湖北、湖南、广东等地广泛应用于高速公路等沥青桥面预防性养护及抗滑性能的设计与修复，能显著提升路容美观度，抗水损性能佳，特别适用于湿热多雨地区的公路快速养护。重庆市现已发布地方标准《沥青路面精表处技术规范》（DB 50/T 1047—2020）。

图 25-49　浙江西堠门大桥超表处处治效果

图 25-50　浙江金塘大桥超表处处治效果

3. 适用范围

精表处技术适用于任何等级的公路路面、桥面铺装预防性养护。

4. 价格水平（参考）

35～40 元/m²。

5. 封闭交通时长

精表处需封闭交通 5～6h，并受现场温度、湿度、光照等因素影响。

6. 施工速度

5000～8000m²/（d·车）。

7. 耐久性能

依据施工水平、原材料性能及交通量，精表处的寿命通常为 3～5 年。

8. 抗滑性能

精表处的构造深度一般超过 0.6mm，摆值 BPN 一般为 60，不能小于 50。

经过精表处处治后的桥面铺装见图 25-51、图 25-52。

图 25-51　重庆朝天门长江大桥精表处处治效果

图 25-52　荆州长江大桥精表处处治效果

（四）超薄磨耗层

超薄磨耗层即超薄沥青混凝土面层，是用特定摊铺设备摊铺并用压路机碾压成型的单层沥青混合料。施工工艺特点为喷洒乳化沥青与摊铺热沥青混合料一次成型。超薄磨耗层典型厚度是 1.5～2.5cm。

1. 工艺难度

难度较高。施工工艺相对微表处复杂，需要采用专用施工设备和配备专业技术人员，对材料、设备的技术要求高。

2. 技术成熟度

技术成熟。超薄磨耗层不仅可应用于重载交通高等级沥青路面或水泥混凝土路面的养护，也可代替热拌沥青混凝土作为新建道路磨耗层。自 2010 年起，该技术开始于辽宁、云南、福建、浙江等地区推广，并于 2015 年起在陕西省推广应用。辽宁省地方标准《超薄磨耗层设计与施工技术规范》（DB21/T 1995—2012）、云南省地方标准《多孔隙超薄磨耗层应用技术规范》（DB53/T 768—2016）、福建省地方标准《公路路面半开级配超薄磨耗层施工技术规范》（DB35/T 1722—2017）、浙江省地方标准《公路沥青路面超薄磨耗层施工技术规范》（DB33/T 2113—2018）以及陕西省地方标准《沥青路面超薄磨耗层施工技术规范》（DB61/T 1285—2019）等文件规范了超薄磨耗层的设计、施工及验收。

3. 适用范围

适用于任何等级的公路路面、桥面铺装预防性养护。

4. 价格水平（参考）

70 元 /m²。

5. 封闭交通时长

碾压完成 30min、桥面温度冷却到 50℃后即可开放交通。

6. 施工速度

摊铺速度为 15～25m/min，较传统沥青混合料摊铺机施工速度提高了 5～8 倍。

7. 耐久性能

超薄磨耗层寿命通常为 4～6 年。依据施工水平、原材料及交通量略有变化。

8. 抗滑性能

超薄磨耗层的摆值 BPN 不低于 55，构造深度不低于 0.6mm。

经过超薄磨耗层处治后的桥面铺装见图 25-53、图 25-54。

图 25-53　广东西江大桥超薄磨耗层处治效果

图 25-54　广东某立交桥超薄磨耗层处治效果

（五）精细碎石表处技术

精细碎石表处技术是基于精细化理念，采用专用设备将改性沥青（或改性乳化沥青）、特定规格的集料等同步洒（撒）布，经养护形成的表面处治层。精细碎石表处分为单层精细碎石表处与双层精细碎石表处。

1. 工艺难度

难度一般。该技术施工工艺较微表处、超表处、精表处等简单，但对现场施工队人员的施工熟练度及施工质量控制有较高要求。

2. 技术成熟度

新型预防性养护技术。自 2018 年起，精细碎石表处技术在陕西省陕南、关中国省干线推广，并在陕北重载交通国省干线公路、云南省国省干线公路广泛应用。陕西省公路局、西安公路研究院等已联合出版《陕西省精细碎石表处技术指南》、编制陕西省地方标准《精细碎石表处施工技术规范》（DB61/T 1535—2022）。

3. 适用范围

适用于一级及以下公路路面、桥面铺装预防性养护。

4. 价格水平（参考）

单层精细碎石表处造价为 16~19 元 $/m^2$，双层精细碎石表处造价为 23~27 元 $/m^2$。

5. 封闭交通时长

1~3h，并受现场温度、湿度、光照等因素影响。

6. 施工速度

5000~8000m^2/（d·车）。

7. 耐久性能

单层精细碎石表处寿命为 3~5 年，双层精细碎石表处寿命为 4~7 年。

8. 抗滑性能

新建单层精细碎石表处的摆值 BPN 一般为 65~75，构造深度为 0.9~1.1mm；双层精细碎石表处的摆值 BPN 一般为 60~75，构造深度为 0.7~1.1mm。

三、桥面沥青铺装上面层融冰雪新技术

DTC 相变自调温沥青融冰雪技术，是在沥青混合料中添加 DTC 道路相变自调温材料，运用材料的相变调温特性，利用太阳照射，通过相变机理使路面具有自主消除黑冰、冻冰及冰雪功能，确保道路畅通，减少伤亡事故发生，实现公路能源"自供给"与"智能化"。同时，该项技术将有效抑制低温开裂等现象，降低公路的养护成本，延长沥青路面的使用寿命，又避免传统融雪剂对路面、绿植、土地的侵害，提高环保性。

为减少高速公路桥面因冰冻带来的行车安全隐患，保障道路畅通，2019 年 12 月，浙江省交通投资集团有限公司衢黄管理处试点应用 DTC 道路自调温融冰雪相变材料铺筑沥青路面，通过科技手段减少桥面结冰。

黄衢南高速公路衢黄段位于浙江省西部山区，属典型的山区高速公路，全线多座高架桥，每年

冬季均受冰雪天气影响，桥面易出现积冰雪现象，严重影响行车安全，而 DTC 道路自调温融冰雪相变材料是利用太阳能和机械能，通过相变储存和释放能量，主动调节路面温度。当环境温度低于相变区间，相变材料分子链断裂，通过相变潜热，道路表面温度升高 2~5℃，春秋季节路面彻底消除黑冰，预防冻雨、冻凝产生。冬季融冰化雪，在确保沥青路面各项技术指标符合国家相关规范前提下，通过化学盾构将相变材料中分子纵链嫁接到沥青分子链，形成稳定化学结构，即相变沥青，从本质上改变沥青混合料的耐高温和抗低温性能，从而满足道路路用性能和高温搅拌应用要求，避免高温车辙、低温冰冻开裂等损坏，有效延长道路寿命，提高沥青路面极端环境温度适应能力。

为保障新材料应用具有可比性，衢黄管理处在大枫坑桥半幅桥面采用添加 DTC 道路自调温融冰雪相变材料的沥青混合料进行超薄磨耗层罩面，见图 25-55，共铺筑桥面长度 400m。这标志着 DTC 道路自调温融冰雪相变技术在衢黄高速公路上首次成功应用。

2018 年 9 月，北京市在兴延高速与六环连接处，采用添加 DTC 道路自调温融冰雪相变材料的沥青混合料进行桥面养护，见图 25-56。

2019 年 8 月，福银高速陕西境商漫高速采用添加 DTC 道路自调温融冰雪相变材料的沥青混合料进行桥面养护，见图 25-57。

图 25-55 添加了 DTC 道路自调温融冰雪相变材料的超薄磨耗层罩面

图 25-56 北京市兴延高速与六环连接处桥面养护施工

图 25-57 福银高速陕西境商漫高速桥面铺装养护施工

四、桥面 ARC 超韧磨耗层技术

ARC 超韧磨耗层是一种实施厚度为 1.2~2.0cm 的热拌沥青混凝土超薄结构层，以高性能聚合物改性沥青和高性能黏结剂为热拌沥青混合料和黏结层原料，采用普通异步摊铺工艺，使用性能均衡、持久。

沥青胶结料的改性是 ARC 超韧磨耗层的核心技术之一。ARC 超韧磨耗层所用高韧高弹复合改性沥青，重点强化了沥青的黏性、韧性、延性、弹性恢复等性能，具有优良的抗裂能力，对防治沥青路面的裂缝问题具有较好的效果。

2021年7月，为迎接第十四届全运会，西安市政道路管理部门对快速干道高架桥面全面品质提升工程进行了立项。但考虑如果采用传统的铣刨重铺方案，成本高，工效低，将对西安市民交通出行产生重大负面影响，经过慎重方案比选，西安市政道路管理部门最终采用了加铺ARC超韧磨耗层（2.0cm）的技术方案。

由于城市快速干道车流量巨大、车速较快，必须在晚间施工。ARC超韧磨耗层技术的两大特点保证了施工的高效：一是采用特殊的黏层油，高渗高黏，喷洒完30min内即达不黏轮效果；二是采用普通异步摊铺工艺，保证了足够数量的摊铺机和足够熟练的专业摊铺队伍同步施工。广州××交通技术有限公司联合各协作单位，在短时间内完成了近$5×10^5 m^2$的施工任务，包括东、西高速高架快速干道桥面、二环路高架桥桥面（金光门桥面、开远门桥面）等。

ARC超韧磨耗层施工现场见图25-58。

ARC超韧磨耗层施工后，经检测各方面路用性能达到了预期效果：实测摩擦摆值BPN大于65，构造深度大于1.0mm，动稳定度大于5000次/mm。由于市政高架桥与居民区距离较近，ARC超韧磨耗层具有的降噪静音的优点在本项目中得到了充分的体现，使得该项目成为名副其实的民生工程。ARC超韧磨耗层施工效果见图25-59。

图25-58　ARC超韧磨耗层施工现场

a)

b)

图25-59　ARC超韧磨耗层施工效果

第十一节　桥面渗水、积水处治

一、在沥青铺装渗水部位打孔

（1）对于桥面上面层明水点、桥面零坡段、伸缩缝积水处、渗水严重部位，必须采取打孔（直径

10～15mm）的方式排水，见图25-60。打孔时，应采取专业措施，不得污染沥青铺装层。

（2）渗水严重的部位，在沥青铺装铣刨后，在湿接缝位置打孔排水，见图25-61。

图25-60　应采取防污染措施，在桥梁湿接缝位置、伸缩缝积水处打孔排水

图25-61　沥青铺装铣刨后，在湿接缝位置打孔以利于排水

二、从渗水带处刻槽做盲沟，引水至桥下

如果桥面铺装有带状泛水，可采用纵向、横向刻槽法进行引水排水。

（1）在泛水带先沿纵向刻槽，再沿横向刻槽，或按纵横合成坡度方向刻槽至桥面边部盲沟，槽宽5cm，槽深为下面层结构层厚度。

（2）在铺筑上面层之前采用相同材料填压，重新施工的槽内混合料空隙率略大于原桥面施工混合料空隙率，从而将带状结构水和构造水引排至盲沟中。

（3）在合成坡度为零的路段，下面层积水，容易造成桥面铺装中渗入层间水，应在此路段前后的桥面适宜位置刻槽，将积水引入桥面盲沟内，排到桥下，见图25-62。

a)

b)

图25-62　在硬路肩打孔，做碎石盲沟，排除层间水

三、对桥面铺装表面"雾封"

在桥面渗水严重的位置打孔排水后，采用乳化沥青进行"雾封"处理。施工难点是控制洒布车行驶速度、洒布量、防污染槽钢的线形等，见图25-63～图25-65。

图 25-63　严格控制洒布车行驶速度、洒布量、防污染槽钢的线形

图 25-64　采用乳化沥青进行"雾封"处理的效果

图 25-65　桥面"雾封"后的表面（破乳前）

第二十六章 桥面沥青铺装病害功能性修复

当桥面铺装结构病害发展到一定程度时,必须对桥面沥青铺装病害进行功能性修复。

近年来,为了恢复桥面沥青铺装表面功能,使用较多的修复措施主要有微表处、超薄磨耗层、精表处、超薄抗滑表层、表面单层铺装铣刨重铺。

第一节 微表处

一、适用范围

微表处属于日常养护措施,适用于处理桥面早期出现的裂缝、轻微车辙、松散(老化)、抗滑性能下降等表面功能性病害。

微表处有 MS-2、MS-3、MS-4 三种类型。陕西省近年较多采用 MS-3 型,铺筑厚度 8～12mm,其材料技术要求可参照《公路沥青路面施工技术规范》(JTG F40—2004)相关要求。在陕西省西安绕城高速公路、西长高速、蓝商高速、商漫高速、西镇高速、安川高速等高速公路广泛实施,使用效果总体良好。微表处主要适用于直线段,能够很好地解决桥面抗滑性能衰减、表面轮迹带位置松散等问题。微表处施工及其效果见图 26-1、图 26-2。

图 26-1 桥面微表处施工

a)

b)

图 26-2 桥面微表处施工效果

二、主要施工设备

微表处养护主要施工设备及要求见表26-1。

微表处养护主要施工设备及要求　　表26-1

设备名称	单位	数量	备注
铣刨机	台	1	铣刨机宽度宜为2.0m，不得小于1.0m
清扫机	台	满足工程需要	—
森林灭火器	台	满足工程需要	—
稀浆封层车	台	≥2	动力系统功率在100kW以上，集料仓容量在10m³以上，乳化沥青罐容量在4m³以上，水罐容量在4m³以上，配有外加剂罐。当用于纤维微表处施工时，需配备纤维投放设备
摊铺箱	个	1	具有2.5～4.5m的伸缩功能
"V"形摊铺槽	台	需要时	—
配料机	台	1	具备储料、筛分和计量配料功能
装载机	台	1	30型以上
工程车	台	1	—
轮胎压路机	台	1	6～10t

注：表中施工设备为一个作业面的要求。

三、施工工艺

（一）施工准备

1. 原桥面病害处理

（1）沥青桥面铺装存在宽度为3～10mm的裂缝，宜采用灌缝或封缝处理。

（2）沥青桥面铺装车辙深度小于10mm处宜进行铣刨拉毛，车辙深度大于或等于10mm且小于或等于20mm处，宜采用MS-3型或MS-4型微表处混合料填补。

（3）沥青桥面铺装存在其他病害时，应进行修补。

（4）沥青桥面铺装贫油严重时，宜喷洒黏层油。

2. 施工控制线

（1）根据施工路幅宽度，调整摊铺槽宽度，应尽量减少纵向接缝数量。

（2）根据确定的摊铺宽度，画出施工控制线。

3. 交通管制

施工现场应设专人管理交通，施工路段应设立标志。

（二）拌和、摊铺

（1）在起点处放置宽度大于1.5m的铁皮或油毛毡。将装好料的稀浆封层车开至施工起点，对准控制线，将摊铺槽放在铁皮上，使其周边与原路面贴紧。填补车辙时采用"V"形摊铺槽。

（2）根据施工配合比和现场集料含水率，按比例添加集料、填料、水、添加剂和改性乳化沥青，进行拌和。

（3）将拌和好的混合料倒入摊铺槽，当混合料注满摊铺槽容积的1/2以上时，开动稀浆封层车匀速前进。

（4）摊铺速度宜为15～30m/min，保持混合料摊铺量与搅拌量基本一致。摊铺槽中混合料的体积宜为摊铺槽容积的1/2～2/3。

（5）当稀浆封层车内任意一种材料将用完时，应关闭所有输送材料的阀门，使搅拌器中的混合料搅拌完，并送入摊铺槽摊铺完后，稀浆封层车停止前进，提起摊铺槽，将稀浆封层车移出施工点，清洗搅拌器、摊铺槽和刮板。

（三）碾压

（1）对路肩、临时停车带和停车场等处，可在微表处混合料破乳后、开放交通前，采用胶轮压路机进行碾压。

（2）碾压时压路机不得在微表处上停留、掉头和急转弯。

（3）碾压后桥面应平整、密实。

（四）养护及开放交通

微表处混合料铺筑完成60min内，禁止车辆和行人通行；60min后根据微表处混合料破乳情况开放交通。

四、施工难点

1. 混合料质量控制

乳化沥青混合料质量直接影响施工质量，如混合料中加水量直接影响拌和的和易性和均匀性，乳化沥青的破乳时间直接影响有效施工时间等。

2. 接缝处理

接缝处理直接影响微表处的总体美观效果和行车的舒适性。施工时横向接缝尽量采用平接缝；纵向接缝宜在标线位置，不得在轮迹带上。横、纵向接缝处混合料摊铺后应对平整度进行控制，及时用3m直尺检查平整度，接缝处最大间隙不得大于3mm。

第二节 超薄磨耗层

一、适用范围

超薄磨耗层技术是一种针对交通负载大、性能要求高的桥面修复的解决方案。超薄磨耗层厚度可采用1.0～1.5cm、1.5～2.0cm、2.0～2.5cm三种形式，其中桥面主要采用相对较小的1.0～1.5cm厚度。其材料、工艺可参照陕西省地方标准《沥青路面超薄磨耗层施工技术规范》（DB61/T 1285—2019）等相关规范、标准要求。近几年，超薄磨耗层技术在陕西省西安绕城高速公路、西长高速、蓝商高速、商漫高速、西商高速等高速公路得以实施。超薄磨耗层在弯道、纵坡等磨耗严重位置具有较好的耐久性。同时，采用大孔隙的混合料级配还能有效降低行车噪声。

二、主要施工设备

超薄磨耗层养护主要施工设备及要求见表 26-2。

超薄磨耗层养护主要施工设备及要求　　　　表 26-2

设备名称	单位	数量	备注
沥青拌和楼	台	1	3000 型以上
摊铺机	台	满足生产需要	专用设备，具有同步洒布功能
自卸车	台	满足生产需要	不低于 25t
装载机	台	1	30 型以上
双钢轮压路机	台	满足生产需要	11～13t
清扫机	台	满足工程需要	—

注：表中施工设备为一个作业面的要求。

三、施工工艺

1. 施工准备

（1）原桥面病害处理。

原桥面病害按照设计要求进行修复。施工前清除桥面积水、泥土、杂物和浮尘。

（2）交通管制。

施工现场应设专人管理交通，施工路段应设立标志。

2. 拌和

（1）严格按照批复的生产配合比进行生产。

（2）严格控制矿料、沥青的加热温度，严格控制混合料温度。

（3）严格控制混合料拌和时间，确保混合料拌和充分，无结团、花白现象。

3. 运输

（1）运输车辆车厢应洁净，同时喷涂隔离剂。

（2）根据天气情况及运距，合理采取保温措施。

（3）装车时，按"品"字形分多次装料，混合料储存时间不宜超过 4h。

4. 摊铺

（1）摊铺速度不宜过快，摊铺过程中应保证均匀、连续，待摊铺机前有 4～6 车混合料后开始摊铺。

（2）摊铺时应严格控制乳化沥青洒布量，一般控制在 $0.8～1.2kg/m^2$ 之间。

（3）螺旋布料器转速应与摊铺速度相适应，两侧应保持不少于送料器 2/3 高度的混合料。

5. 碾压

（1）碾压过程中遵循"紧跟、少水、匀速、慢压"的原则。

（2）碾压路线及方向不得随意改变，压路机应减速缓行，不应紧急制动，不得随意停留、掉头。

（3）碾压过程中应向压路机钢轮上喷洒或涂刷含有隔离剂的水溶液。

6. 养护与交通管制

碾压完成后应待摊铺层完全自然冷却，混合料表面温度低于50℃，且面层施工完成12h后方可开放交通。

四、施工难点

1. 原桥面的平整度与整洁度要求高

由于超薄磨耗层的厚度很小，如果铺设前桥面有凹凸处，或者存在杂质，都会导致超薄磨耗层无法很好地与桥面黏结，从而导致其使用性能下降。

2. 接缝处理要求高

接缝处理直接影响超薄磨耗层的总体美观效果和行车的舒适性。施工时纵向接缝尽量设在标线处，横向接缝应采用人工挖缝，接缝清扫后及时沿开挖面喷涂黏层油。

第三节　精表处

一、适用范围

精表处是一种通过专用施工设备，将高性能胶结料和细集料同步洒布到原沥青铺装上，形成一层超薄、耐磨、防滑的保护层，以显著提高沥青桥面防水性、抗滑性以及改善桥面外观的路面强化处理技术。

精表处适用于以下桥面处理：

（1）桥面表层渗水系数偏大、抗滑能力不足需处理的路段。

（2）旧的沥青路面出现细微裂缝，渗水系数不满足要求、沥青膜磨光、修补后表面颜色不均匀、粗麻、掉粒的沥青铺装。

（3）有特殊要求的桥面铺装。

精表处可采用JBC-1型、JBC-2型、JBC-3型或双层精表处组合型，实施厚度3～8mm，其材料及施工工艺可参照陕西省地方标准《沥青路面精表处施工技术指南》等相关要求。2018年在陕西省安川高速实施精表处2km试验段，经过多年的路用性能验证，效果较好。见图26-3。

图26-3　精表处实施效果

二、主要施工设备

精表处养护主要施工设备及要求见表26-3。

精表处养护主要施工设备及要求　　表26-3

设备名称	单　位	数　量	备　注
同步封层车	台	2	专用设备，具有同步洒布功能
胶轮压路机	台	2	3～5t自重前钢后胶型（或9～16t胶轮）
清扫机	台	1	—

三、施工工艺

1. 病害修补

在精表处施工之前，需要提前处治桥面上的坑槽、沉陷、拥包、车辙、开裂等病害，使之符合国家相关标准。坑槽、沉陷、拥包、车辙、网状裂缝、龟裂等结构性病害一般按照坑槽修补方法修复。横向裂缝、纵向裂缝等使用开槽灌缝方法修复。

2. 铺装层表面清理

清除铺装层表面的浮尘，对积泥较重的区域采用钢刷清理，直至桥面彻底露出新鲜集料。

3. 精表处施工

（1）施工放线。

对施工区域进行确认，并用胶带对标线做好保护。

（2）材料准备。

将环氧沥青养护剂各组分按照配合比进行混合并充分搅拌，准备好特制精砂，待用。

（3）施工设备调试。

按照设备操作规程对施工设备进行调试，并安装喷嘴。为避免喷嘴喷洒扇面的相互干涉，安装喷嘴时要使其开口缝中心线与喷油管轴线方向呈10°～15°的角。

（4）试验段施工。

在正式施工喷洒前应进行试验段施工。设定好环氧沥青养护剂喷洒量及特制精砂用量，开始试施工。一般试验段施工路段长度为15～20m。通过试喷，验证施工装备是否工作正常，各项技术参数是否准确，施工效果是否达标。

（5）正式施工。

试喷完成并确认后，即可正式施工。在施工过程中若发现任何异常，应立即停止施工，找出原因，及时纠错。如喷洒过程中有局部不均匀处，应及时补漏。

（6）养护。

胶带必须撕干净，难以撕掉的地方可采用灰刀铲除干净。不能在喷涂好的路面行走，避免破坏工作面。

采用指压法确认材料是否干燥固化，当环氧沥青养护剂达到一定硬度，表面特制精砂不脱落时，即可开放交通。

四、施工难点

1. 材料及用量基准控制

精表处材料主要包括环氧沥青养护剂及特制精砂,二者直接影响精表处施工后的抗滑及防水功能。

2. 接缝处理要求高

接缝处理直接影响精表处的总体美观效果和行车的舒适性,施工时尽量不设置接缝。

第四节 超薄抗滑表层

一、适用范围

超薄抗滑表层由具有超强黏结能力的改性沥青黏结层和高性能的间断半开式级配改性热沥青混合料组成,通过独特的施工工艺,在经处理的路面形成 1.5～2.5cm 的超薄罩面。

超薄抗滑表层是水性环氧树脂乳化沥青混合料的应用技术之一,是解决桥面抗滑及防水性能不足的方案,厚度 1.5～2.5cm,可用于桥面抗滑表层养护等。其材料和施工工艺可参照《道路用水性环氧树脂乳化沥青混合料》(GB/T 38990—2020)中相关要求。

该处治措施于 2019 年、2020 年分别在陕西省西镇高速水泥混凝土桥面上实施了试验段,应用效果良好。见图 26-4。

图 26-4 超薄抗滑表层实施效果

二、主要施工设备

超薄抗滑表层主要施工设备及要求见表 26-4。

超薄抗滑表层主要施工设备及要求　　表 26-4

设备名称	单位	数量	备注
沥青拌和楼	台	1	3000 型以上
摊铺机	台	2	专用设备,具有同步洒布功能
自卸车	台	5	不低于 25t
装载机	台	1	30 型以上
双钢轮压路机	台	3	11～13t
清扫机	台	1	—

三、施工工艺

同普通沥青混合料施工工艺一样，超薄抗滑表层按照下承层准备、测量挂线、混合料拌和、运输、摊铺、压实工序组织施工。

四、施工难点

1. 对原桥面的平整度与整洁度要求高

由于超薄抗滑表层的厚度很小，如果铺设前桥面有凹凸处，或者存在杂质，都会导致超薄抗滑表层无法很好地黏结桥面，从而导致其使用性能下降。

2. 接缝处理要求高

接缝处理直接影响超薄抗滑表层的总体美观效果和行车的舒适性。

接缝采取毛茬热接的施工方法，上面层的侧面喷涂 3～5 mm 厚改性沥青聚合物密封材料，以防止雨水渗入。

第五节 表面单层铺装铣刨重铺

为了有效阻止桥面使用功能继续衰减，改善桥面平整度，恢复桥面的抗滑性能，使原有桥面表面的破坏得到一定的治理，延长桥面使用寿命，可以对表面单层铺装铣刨重铺。

一、表面单层铺装铣刨重铺的条件

桥面铺装使用年限较久远，浅表性坑槽较多，表面裂缝纵横交错，抗滑性能衰减至不能满足安全需求，路容路貌差，经过检测，相关指标值已不满足相关规范要求。

二、施工准备

1. 施工设备、机具、材料检查

施工负责人必须安排有关人员对所有车辆、设备及机具的完好性进行检查，对各种施工材料的用量、种类进行检查。保证各种材料的试验报告或出厂合格证齐全。

2. 配合比设计和原材料试验

开工前，根据现场管理专工的要求对各分项工程施工混合料做配合比检测，配合比应满足设计要求，并对各种原材料进行原材料试验，试验合格后方可采用。

三、原桥面单层铺装铣刨

具体要求如下：

（1）按照设备型号确定适宜的工作宽度，铣刨机行走速度按试验段确定的方案执行。

（2）一般铣刨深度为 3～5mm。

（3）作业面重叠宽度为 10～20cm，搭接部分应保持平整。

(4)桥面不平整造成露白部分,宜采用小型凿毛机进行处治。

(5)铣刨渣清扫,自卸车随铣刨机行驶,同步进行接料清理;待铣刨面干燥后,用小型清扫机和人工进行清扫,用空压机强风吹净,以保证界面干净。

(6)桥面应平整,凸出物应凿除,不使铣刨机发生空刀。

(7)油污、锈迹、养护剂、尘土应清理干净,防止施工过程中的二次污染。

(8)对铣刨机处治后暴露出来的裂缝、空洞等缺陷,应采用环氧树脂等材料修复。若出现严重龟裂,应铣刨处理。

四、层间处理

1. 铣刨面清理与除尘

(1)清渣。清扫铣刨残渣时应在每台铣刨机后配备2~4人,采用人工清扫、山猫清扫机清理相结合的方法,即采用清扫机配合运输车清理,并安排人工将铣刨面的松散料与夹层清理干净。

(2)除尘。施工时采用1台或多台大功率空压机(2台以上功率为13kW左右空压机)吹风除尘为宜,其优点是方便、及时,但很难彻底除尘,采用高压水枪除尘效果更好。

2. 黏层油施工

(1)黏层油施工的控制要点。

①黏层乳化沥青的洒布一定要采用专用沥青洒布车。先进的沥青洒布车自身带有导热油加热系统和自动控制洒布量的电脑控制系统,洒布宽度和洒布量均可根据需要自动调节,每个洒布喷头都是可控的,从而保证了洒布量的恒定和洒布的均匀性。

②不带电脑控制系统的沥青洒布车应进行洒布量的精确标定。

③采用专用沥青洒布车喷洒黏层乳化沥青时,洒布量为 $0.3\sim0.6kg/m^2$。

(2)黏层油施工注意事项。

①黏层乳化沥青应均匀洒布或涂刷,不宜过量。

②桥面若有脏物或尘土要清除干净,待表面干燥后再喷洒黏层乳化沥青。

③喷洒的黏层油必须呈均匀雾状,在桥面全宽度内均匀分布成一薄层,不得有洒花、漏空或呈条状,不得有堆积,喷洒不足的要补洒,喷洒过量处应刮除。

④喷洒黏层油后,严禁车辆、行人通过。

⑤气温低于10℃或下雨时,不得喷洒黏层乳化沥青。

⑥作业面应清扫干净且处于干燥状态,见图26-5。

⑦乳化沥青破乳水分蒸发完后,紧跟着铺筑上层沥青层。

图26-5 作业面干净且处于干燥状态

五、单层铺装重铺

1. 摊铺

摊铺层平整度、高程（厚度）、横坡度的控制应符合下列要求：

（1）摊铺时应在两侧钉设平面与高程控制导线（传感线）。

（2）摊铺平整度、高程和横坡度控制的好坏关键在于摊铺机手（特别是机长）能否充分利用机械的功能并注意调控。

（3）松铺系数应采用同类结构层、同类摊铺机铺筑试验段所确定的松铺系数。

（4）沥青混合料必须匀速、连续不断地摊铺。摊铺速度应根据拌和机产量、施工机械配套情况及摊铺厚度、宽度等条件确定。

表面单层铺装重铺见图 26-6。

图 26-6　表面单层铺装重铺

2. 碾压

（1）采用双钢轮压路机紧跟碾压，如碾压温度过高，铺筑层产生推移和裂缝，可暂缓进行，待混合料温度合适后再进行碾压。

（2）先采用轮胎压路机碾压，紧接着采用双钢轮压路机进行碾压，并应达到相应标准要求的压实度。轮胎压路机的轮胎充气压力不得小于 0.5MPa，相邻碾压带应重叠 1/3～1/2 的碾压轮宽度。

（3）混合料压实成型的终了温度应符合相关规定要求。

第二十七章
特大桥梁沥青铺装病害结构性修复

第一节 前期准备

一、技术准备

（1）针对桥面横纵交叉裂缝、纵缝伴随支缝以及网状裂缝等病害，应铣刨、新铺全部沥青铺装层。

（2）针对桥面连片坑槽、唧浆、严重网状裂缝等病害，应铣刨沥青铺装层后，对水泥混凝土调平层进行局部修复，重新铺筑沥青铺装层。

（3）针对桥梁结构物台背沉陷跳车，应实测高程，进行调平处治，之后重新铺筑沥青铺装层。

（4）桥面铺筑结束后，标线采用热熔型标线。

（5）做好设计交底、图纸核对、现场测量、施工配合比设计等。若有必要，还应编制"项目施工技术指南"。

二、交通管制

1. 发布公告

特大桥梁沥青铺装病害大修施工前，若需单幅封闭施工，且时间较长，影响路网和区域交通的，必须征得相关政府部门同意，并由其对封闭路段实施交通管制，提前向社会发布通告。公告内容如下：

（1）施工时间及封闭路段。

（2）施工期间车辆通行路线。

（3）具体交通管制方案及路线示意图。

（4）相邻高速远端分流方案。

2. 封闭交通

在公告发出后项目实施前，应由公安部门主导，路政部门配合，进行施工路段的封闭。见图27-1。

图 27-1 交通管制

三、施工前准备

1. 组织准备

大修施工前，各项目管理、施工、监理、设计服务等组织机构，均应成立项目管理机构，指派负责人，明确大修的各项目标任务。

2. 材料准备

根据设计要求，备齐、备足工程所需的各类原材料。

3. 设备调遣

以某高速公路特大桥大修项目为例，投入的主要设备清单见表27-1～表27-3。

某高速公路特大桥桥面沥青铺装施工投入的主要设备　　　　表27-1

序号	机械设备名称	规格、功率、型号	单位	数量	备 注
1	全封闭沥青拌和楼	环保型拌和楼、4000型及以上（进口、同型号）	套	2	购置时间不超过2年，混合料拌和量不超过2×10^5t的环保型全封闭拌和楼，备6个冷料仓，热料仓与冷料仓对应
2	纤维添加设备	纤维添加量允许误差小于±2%	台	4	—
3	装载机	2～3m³	台	10	—
4	SBS改性沥青加工设备	不低于20t/h	套	2	连续式双胶体磨
5	沥青储存罐	基质沥青储存罐，每个容量不小于50t	个	8	总容量不小于200t
6		改性沥青储存罐，每个容量不小于50t	个	8	罐内安装有自动搅拌装置
7	专用运输车	15t以上	辆	满足施工需要	车厢周边岩棉保温，配置自卸车甩杆及防雨、防散热自动篷布
8	自卸汽车	25t	辆	40	—
9	机动翻斗车	1.0t以内	辆	8	—
10	沥青面层摊铺机	中大DT1800型或福格勒2100型或性能相当的全断面摊铺防离析摊铺机	台	16	同型号，购置时间不超过2年
11	双钢轮双驱双振振动压路机	12～15t，宝马版或性能相当的设备	台	24	同型号，购置时间不超过3年
12	轮胎压路机	9～16t	台	8	同型号，购置时间不超过3年
13	轮胎压路机	16～20t	台	8	同型号，购置时间不超过3年
14	轮胎压路机	20～26t	台	8	同型号，购置时间不超过3年
15	小型手扶式振动压路机	1t及以上	台	8	—
16	铣刨机	2000型	台	32	购置时间不超过3年

桥面沥青铺装黏层、透层、封层施工设备　　　　表27-2

序号	机械设备名称	规格、功率、型号	单位	数量	备 注
1	乳化沥青洒布车	智能型	辆	8	购置时间不超过2年
2	同步碎石封层车	智能型	辆	8	购置时间不超过2年
3	强力无尘清扫车	CAT三猫或性能相当的设备	台	8	购置时间不超过3年
4	乳化沥青存储罐	—	个	4	满足2天的需求量
5	湿式扫路车	8m³	台	8	购置时间不超过2年
6	路面开槽机	PCR-25	台	8	购置时间不超过2年
7	路面灌缝机	110DH	台	8	购置时间不超过2年

桥面沥青铺装通用设备设施　　　　表27-3

序号	机械设备名称	规格、功率、型号	单位	数量	备 注
1	移动式照明灯塔	—	套	24	—
2	发电机组	800kW及以上	套	4	购置时间不超过3年
3	发电机组	500kW及以上	套	4	购置时间不超过3年
4	洒水车	10t及以上	辆	12	购置时间不超过3年，自动喷洒式
5	空压机	10m³	台	8	购置时间不超过3年
6	专用扫地车	—	辆	8	—
7	热熔标线设备	含热熔釜标线车BJ-130、油抹器动力等热熔标线	套	8	—
8	振荡标线机	—	套	8	—
9	交通锥	—	个	满足施工需要	
10	标志牌	—	套	满足施工需要	
11	爆闪灯	—	个	满足施工需要	
12	甩锤设备	—	台	2	—
13	自行式抛丸机	—	台	2	—
14	切割机	—	台	8	—
15	手持式风动风镐	—	台	8	—
16	肩负式机动吹风机	PB-755	台	8	—
17	雾炮车	—	辆	8	—
18	自动洗车台	—	个	8	—

用于施工的各类设备应提前检修保养到位。作业面封闭后，及时调遣至施工现场，进行设备装配调试。设备见图27-2。

a)

b)

c)

图27-2 桥面沥青铺装施工投入的设备

第二节 桥面沥青铺装大修施工

一、桥面病害的现场核对与标记

桥面铺装铣刨前，应对桥面既有的病害进行现场标记，特别是对于历年养护维修中多次修补、多次出现的病害，应进行现场拍照，在护栏位置标记其准确位置。此做法的目的是便于通车后对病害修复效果进行精准观测。

二、逐层铣刨、逐层病害确认

（1）对桥面铺装表层铣刨后，运营管理公司要组织设计、监理、施工、技术咨询等单位对各层次的病害进行现场会诊（图27-3）。

（2）表层铣刨后，进行"刨根问底"式的病害查找。对下层病害进行二次确认见图27-4～图27-6。

图27-3 深层病害的现场会诊

a)

b)

图27-4 表层铣刨后，对下层病害进行二次确认

图 27-5　对表层铣刨后的各层次的病害进行"刨根问底"式的病害查找

图 27-6　调平层破损，浮浆松散，露出钢筋网片

a)

三、沥青铺装铣刨与废渣清理

（1）铣刨时不得损伤水泥混凝土铺装层，不得损伤桥梁伸缩缝和桥梁护栏及排水设施，见图 27-7、图 27-8。铣刨时不得存留薄层或产生夹层，见图 27-9。

b)

图 27-7　铣刨作业不得损伤桥梁伸缩缝

图 27-8　铣刨作业损伤、堵塞桥梁泄水孔

a)

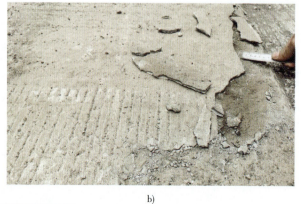

b)

图 27-9　铣刨存留薄层或产生夹层

（2）铣刨的纵向接缝应该保证横向平整，且横向流水不受阻碍。铣刨面的横向不得产生错台、积水（图27-10）。对于横向错台严重的，超出允许范围的路段（图27-11），要重新铣刨。

图27-10　铣刨面的横向产生错台、积水

图27-11　横向错台严重的，超出允许范围的路段

（3）沿着桥面纵向与横向坡度的合成坡方向进行斜向铣刨，有利于层间排水，确保结构层耐久。见图27-12。

a)

b)

图27-12　沿着桥面纵向与横向坡度的合成坡方向进行斜向铣刨

（4）对水泥混凝土调平层表面进行凿毛处理。凿毛深度控制在3～5mm，构造深度不小于0.8mm，表面浮浆凿毛后，露出的混凝土集料面积应约占40%，注意凿毛时不应损坏粗集料。采用清扫机、森林灭火器或大型吸尘器清扫废渣，除尘洁净以手探无黏尘为度。

（5）对于下承层既有纵向施工缝的处理。清除废渣与灰尘，浇灌乳化沥青，封闭纵向施工缝，见图27-13。预防上层孔隙水浸入纵向接缝内。

图27-13　对既有纵向接缝要进行封闭处理

（6）铣刨作业的抑尘措施。铣刨现场必须配备抑尘设备［图27-14 a)］，防止粉尘飞扬，影响邻近车辆通行和施工人员安全，造成环境污染［图27-14 b)］。

a)

b)

图27-14　铣刨现场必须配备抑尘设备

（7）铣刨结束后，采用清扫设备回收废渣与灰尘。见图27-15。

a)

b)

图27-15　铣刨结束后，采用清扫设备回收废渣与灰尘

（8）桥面铺装铣刨作业也可在夜间进行，但必须配备足够的照明设施，见图27-16。并强化夜间施工现场监管（图27-17），重点控制平整度和铣刨深度。重点关注伸缩缝位置（图27-18），伸缩缝位置铣刨不到位的部位采用人工方法彻底清除，见图27-19。

图27-16　桥面铺装铣刨作业夜间进行时配备足够的照明设施

图27-17　夜间施工现场监管

图 27-18　重点关注伸缩缝位置

图 27-19　伸缩缝位置铣刨不到位的部位采用人工方法彻底清除

（9）铣刨作业面要坚决杜绝油污染（图 27-20），避免产生新的病害隐患。

四、对桥头沉陷的修复

随着通车运营，桥梁台背填土逐渐呈现一定的自然沉降，大流量重载车辆反复作用，以及地表水入渗等原因造成路基、路面同时沉陷。

桥头沉陷，必将造成车辆高速行驶的起伏。一则影响行车安全；二则车辆对桥面伸缩缝及其结合部位的沥青铺装产生冲击，容易形成推移、坑槽等病害。因此，在桥面上面层铺装施工前，必须对桥头沉陷部位进行处治。桥头沉陷严重的，进行路基加固处理。之后，对沉陷部位采用不同类型的沥青混合料分层进行铺筑压实。最后统一铺筑上面层。

图 27-20　铣刨作业面的油污染

五、对下承层及调平层破损部位的修复

（1）对下承层的坑洼不平的修复，必须坚持表面清理干净，回填材料质量合格，施工工艺达标。见图 27-21。

（2）修复的混凝土调平层混凝土不得薄层浇筑，其厚度应满足水泥混凝土厚度的最小值要求。见图 27-22。

六、桥面积水预防性综合处治

对于桥面积水，应进行预防性综合处治。

图 27-21　对下承层的坑洼不平的修复必须确保质量

图 27-22　二次修复的混凝土厚度必须满足相关规范要求的最小值

（1）在桥梁上游截水。可在桥头设置排水盲沟，将积水引出线路外侧，见图 27-23。

（2）对桥面泄水孔进行疏通，见图 27-24。

图 27-23　在桥头设置排水盲沟，将积水引出线路外侧

图 27-24　疏通桥面泄水孔

七、黏层油喷洒与封层施工

（1）裂缝处理。铣刨完成并清理干净废渣后，要进行裂缝的处治，见图 27-25。

（2）应清扫干净即将喷洒黏层油的作业面且使其处于干燥状态，对于污染严重的段落，需提前用洒水车将下承层清洗干净，施工时确保下承层水分充分蒸发。

（3）对于局部清洗不到位的路段，人工用钢丝刷处理，并采用大功率空压机将灰尘吹出，清扫完成并验收合格后，待桥面完全干燥后再进行 SBR 改性乳化沥青防水层洒布。

（4）为了确保防水层洒布的均匀性和防水效果，SBR 改性乳化沥青可分两次洒布，每次洒布量为 $0.3 kg/m^2$ 左右，喷洒防水层必须呈雾状，洒布车喷头不得有漏空或呈条状，更不得有堆积现象，喷洒不到位应人工补刷，喷洒过量的应人工刮除。见图 27-26。

图 27-25　喷洒黏层油前进行裂缝处理

图 27-26　双层洒布黏层油

（5）待 SBR 改性乳化沥青完全破乳后再洒布 SBS 热改性沥青同步碎石封层。

八、沥青混合料配合比设计

沥青铺装层应进行沥青混合料配合比设计，沥青混合料应满足与水泥混凝土桥面的粘贴效果好、易于压实和抵抗变形等性能要求。

动态优化桥面铺装层中的沥青上面层施工配合比,确保桥面沥青铺装层渗水系数小而又有足够的耐久性,具体调整可参考以下要求:

(1)铺筑桥面时,在批复的生产配合比基础上进行配合比优化,可把生产配合比中 2.36mm 筛孔通过率增加 1%~2%,油石比较路基段落增加 0.1%~0.3%。

(2)机制砂含粉量宜控制在 8%~15% 之间。机制砂含粉量过小,0.075mm、0.15mm、0.3mm 筛孔上石料含量相对减少,增大了沥青混凝土路面渗水概率;机制砂含粉量过大,在施工过程中沥青混凝土桥面容易产生推移、拥包、糊面等现象,严重影响沥青路面质量和寿命。

(3)在配合比允许的前提下,使用粒径为 2.36~4.75mm 的成品碎石。在拌和沥青混合料时,拌和楼粒径为 2.36~4.75mm 的碎石热料仓(2 号仓)量虽足够,但是大部分碎石是从 4.75~9.5mm 石料中筛出,所以 2 号仓中石料粒径比 2.36~4.75mm 石料稍微偏大,使用粒径为 2.36~4.75mm 的成品碎石,可以有效降低桥面渗水系数。

(4)填料(矿粉、水泥或石灰)在 AC 系列的中上面层沥青混合料配合比中宜控制在 4% 左右,不能盲目增加矿粉用量,应综合优化矿料比例。矿粉用量过大,桥面施工过程中容易产生推移和糊面,进而影响施工质量。

九、沥青混合料摊铺

1. 摊铺厚度的控制

摊铺前先进行测量,特别是对断面的摊铺厚度进行实际测量,见图 27-27,保证其满足最小厚度要求。

2. 下承层既有旧施工缝的处理

存在病害的上层沥青铺装铣刨后,桥面铺装下承层既有冷接缝依然可见,见图 27-28。在上面层施工前,必须对下承层既有旧施工缝进行处理。

图 27-27 摊铺前实际测量断面最小摊铺厚度

图 27-28 桥面铺装下承层既有冷接缝依然可见

3. 摊铺设备组合

对于仅仅预留了硬路肩的单幅 3 车道的桥面铺装,应全宽度一次性摊铺,避免产生纵向接缝。见图 27-29、图 27-30。

图 27-29　采用大功率摊铺机全宽一次性摊铺成型

图 27-30　上面层单机全宽铺筑

4. 温度控制

因桥面悬空，在施工中沥青混合料温度下降较快，从而无法保证混合料的有效压实。所以，在桥面沥青面层施工时更应严格控制混合料的施工温度，确保沥青混凝土压实度和渗水系数满足要求，混合料拌和温度应比路基段适当提高 5～10℃。测量混合料到现场的温度见图 27-31。

5. 摊铺速度

摊铺过程中摊铺机必须缓慢而匀速前行，碾压时做到紧跟慢压，确保混合料拌和速度与摊铺速度相匹配，保证连续施工。温度是影响沥青混合料施工质量的重要因素，为确保混合料施工温度，自卸车需全程覆盖，桥面摊铺速度应控制在 1.5～2.0m/min。

桥面铺装沥青混合料摊铺见图 27-32。

图 27-31　测量混合料到现场的温度

a)　　　　　　　　　　　　　　　　　　b)

图 27-32　桥面铺装沥青混合料摊铺

十、沥青混合料碾压

（1）桥面铺装碾压总体应遵循"先静、后振、紧跟、慢压、高频、低幅"的原则，宜采用胶轮压路机复压及钢筒式压路机终压的方式，不得采用可能损坏桥梁的大型振动压路机。由于在桥面面层施工的碾压过程中，压路机与梁体会产生共振，导致压实功损失，因此在常规结构的桥面混合料碾压中应以胶轮压路机碾压为主。

（2）桥面铺装碾压要确保在混合料温度较高时快速成型，因此，要限制最后一个压路机（不含收面压路机）与摊铺机的距离，一般不大于70m，且每一台压路机要全天候碾压，中间不能有停顿。

桥面铺装初压宜选择1台振荡压路机振动碾压2遍。振荡压路机倒车时停止振荡，并在向另一方向运动后再开始振荡，以避免沥青混合料形成鼓包。边部碾压时，为避免对桥面混凝土护栏的碰撞，应尽量采用小型压实设备，增加压实遍数，确保接合部密实。

桥面沥青铺装混合料碾压见图27-33。

图27-33 桥面沥青铺装混合料碾压

十一、施工缝处治

1. 纵向热接缝处治

尽量采用单机一次成型，减少纵向接缝。采用并机作业时，纵缝搭接宽度太大，会造成"过压带"和"欠压带"。

2. 纵向冷接缝处治

（1）必须对冷接缝的结合面进行糙化处理。不得产生光滑的接触面，特别是不得形成粘有粉尘的接合面。

（2）接合部喷洒黏层油。

（3）热混合料必须饱满，碾压后略微高于旧铺装面。

（4）碾压成型后，在冷接缝上浇灌改性乳化沥青，起到封水黏结作用。

接缝处理见图27-34、图27-35。

图27-34 必须处理好纵向冷接缝

图27-35 必须确保新旧沥青混合料结合面的密实度（边部混合料过少，不密实）

十二、伸缩缝位置沥青铺装处理

1. 基本要求

（1）铺平。摊铺前精确测量，摊铺过程中精准控制，确保沥青铺装的松铺厚度满足实际要求。

（2）压实。通过纵向、横向、斜向碾压，不仅要确保平整度，还要保证压实度。

2. 不平整的后果

（1）可能造成伸缩缝槽口范围沥青混凝土压实度不够，产生渗水。

（2）可能使伸缩缝槽口混凝土表面与相邻的沥青混凝土铺装层不平顺，引起跳车，产生过大冲击力，使伸缩缝附近铺装层过早开裂、损坏。

桥面伸缩缝位置沥青铺装处理及混合料碾压见图27-36、图27-37。

图27-36　桥面伸缩缝位置沥青铺装处理

图27-37　桥面伸缩缝位置沥青混合料碾压

3. 桥面渗水预防

存在病害的沥青铺装铣刨结束后，依据桥梁施工图纸，找准梁板之间的湿接缝，在靠近伸缩缝的位置打直径为10～15mm的小孔，形成预留排水孔，并用乳化沥青对其浇灌（对新旧结合面进行防水处理），之后摊铺沥青铺装层。

第三节　施工质量检测与开放交通

一、强化施工质量检测

（1）项目实施期间，设计服务与现场监理深入施工现场，见图27-38，及时解决施工中存在的问题，确保动态设计、动态质量监管。

（2）从桥面铺装病害铣刨开始，到上面层摊铺完成，各道工序都应进行质量检查与验收，见图27-39、图27-40。

二、桥面标线施工

桥面沥青铺装上面层摊铺施工完成，经质量检测合格后，应及时恢复桥面标线。见图27-41。

图 27-38　设计服务与现场监理深入施工现场

图 27-39　铣刨面的平整度检测

图 27-40　伸缩缝处平整度检测

图 27-41　桥面铺装道路标线施工

三、恢复开放交通

桥面沥青铺装层完成后必须经过交工验收。同时，现场所有施工机械、人员安全撤离后，由公安部门组织重新开放交通。见图 27-42。

a)

b)

图 27-42　桥面沥青铺装层大修完成，重新开放交通

附 录

DISEASE PREVENTION AND MAINTENANCE TECHNOLOGY
OF ASPHALT PAVING ON CEMENT CONCRETE BRIDGE DECK

附录一
振动搅拌技术在桥梁混凝土工程中的应用案例

近年来,河南省许昌××振动搅拌科技股份有限公司致力水泥混凝土振动搅拌技术研究,并以其独有的创新工艺,为水泥混凝土的发展和质量提升做出了不懈努力。从混凝土施工和易性的改善,到力学性能的提高;从混凝土微观结构的改善,到耐久性能的提升,振动搅拌从各个方向努力提高着混凝土的各项性能,从而提升混凝土结构的性能,延长结构的使用寿命。振动搅拌站及搅拌主机见附图1-1、附图1-2。

附图1-1 水泥混凝土振动搅拌站

下面是振动搅拌技术在桥梁混凝土工程中的应用案例。

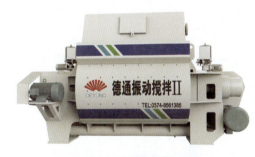

附图1-2 新型振动搅拌主机

一、五峰山长江大桥振动搅拌桥梁混凝土应用

五峰山长江大桥(附图1-3)是世界首座高速铁路悬索桥。五峰山长江大桥全长6.409km,主跨1092m。上层为双向8车道高速公路,设计速度为100km/h;下层为双向四线高速铁路(预留两线),设计速度为250km/h。

附图1-3 五峰山长江大桥

1. 振动搅拌与普通搅拌桥梁混凝土工作性能对比

振动搅拌与普通搅拌桥梁混凝土工作性能对比见附表1-1。

振动搅拌与普通搅拌桥梁混凝土工作性能对比　　　　附表1-1

标段	强度等级	搅拌方式	测试项目	拌合物平行试验结果	
WFS-1	C50	振动搅拌	坍落度（mm）	210	
		普通搅拌	坍落度（mm）	190	
WFS-3	C30	振动搅拌	坍落度（mm）	215	210
			含气量（%）	4.8	2.8
		普通搅拌	坍落度（mm）	210	185
			含气量（%）	3.9	2.5
	C40	振动搅拌	坍落度（mm）	180	180
			含气量（%）	2.4	3
		普通搅拌	坍落度（mm）	185	160
			含气量（%）	2.2	2.8
	C50	振动搅拌	坍落度（mm）	225	215
			含气量（%）	2.7	3
		普通搅拌	坍落度（mm）	210	195
			含气量（%）	2.5	2.7
WFS-4	C30	振动搅拌	坍落度（mm）	220	185
			含气量（%）	1.3	1.7
		普通搅拌	坍落度（mm）	210	170
			含气量（%）	1.0	1.0
	C55	振动搅拌	坍落度（mm）	200	210
			含气量（%）	1.2	1.5
		普通搅拌	坍落度（mm）	180	180
			含气量（%）	1.0	1.1
WFS-5	C30	振动搅拌	坍落度（mm）	190	170
		普通搅拌	坍落度（mm）	165	165

2. 振动搅拌与普通搅拌桥梁混凝土强度对比

振动搅拌与普通搅拌桥梁混凝土强度对比见附图1-4。

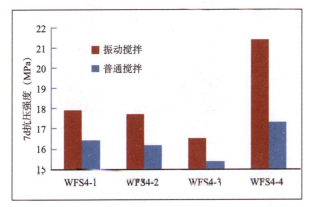
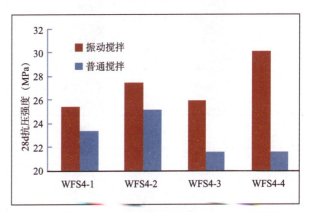
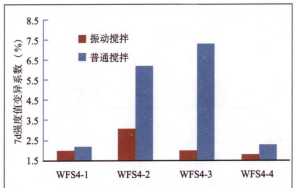
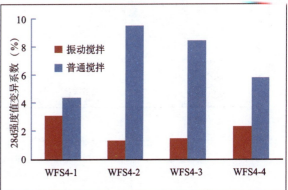

a）振动搅拌与普通搅拌C30混凝土强度与变异系数对比

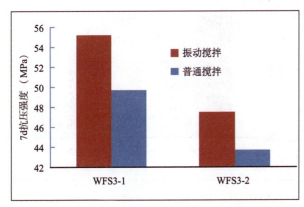
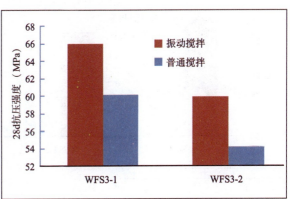
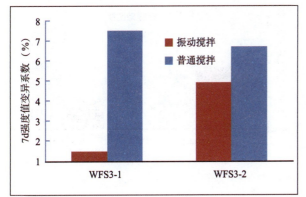
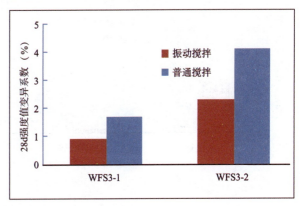

b）振动搅拌与普通搅拌C40混凝土强度与变异系数对比

附图 1-4

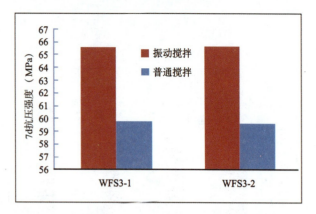
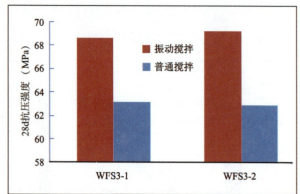
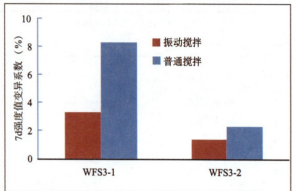
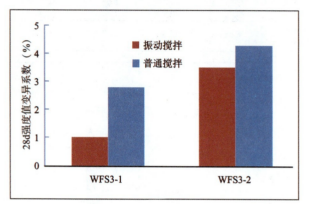

c）振动搅拌与普通搅拌 C50 混凝土强度与变异系数对比

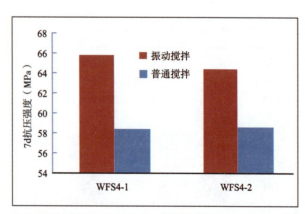
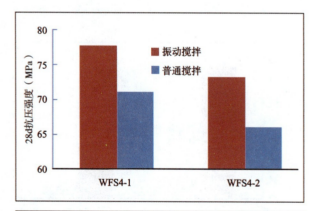
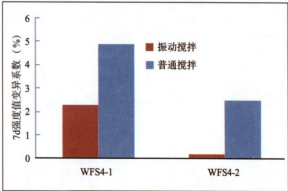
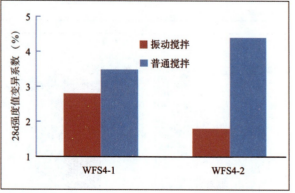

d）振动搅拌与普通搅拌 C55 混凝土强度与变异系数对比

附图 1-4　振动搅拌与普通搅拌桥梁混凝土强度与变异系数对比

3. 振动搅拌缩短混凝土搅拌时间试验

C55 混凝土不同搅拌时间下抗压强度对比见附表 1-2。

C55 混凝土不同搅拌时间下抗压强度对比　　　　附表 1-2

强度等级	龄期(d)	实测强度值（MPa）								
		振动搅拌 搅拌时间（130s）			普通搅拌 搅拌时间（180s）			普通试验机搅拌 搅拌时间（180s）		
C55	7	50.4	50.4	49.3	50.6	52.6	48.0	52.9	49.2	47.2
		均值 50.0 （变异系数 1.3%）			均值 50.4 （变异系数 4.6%）			均值 49.8 （变异系数 5.8%）		

4. 振动搅拌与普通搅拌混凝土外观对比

振动搅拌与普通搅拌混凝土外观对比见附图 1-5、附图 1-6。

附图 1-5　振动搅拌混凝土预制梁外观

附图 1-6　普通搅拌混凝土预制梁外观

5. 振动搅拌与普通搅拌桥梁混凝土应用效果对比

（1）振动搅拌与普通搅拌相比，混凝土坍落度值平均要增加 10～20mm，改善了混凝土的和易性。

（2）相对于普通搅拌，振动搅拌混凝土的搅拌效率提高 20% 左右，节约了搅拌时间。

（3）振动搅拌混凝土强度较普通搅拌混凝土强度有所提高，且强度离差系数降低约 20%，混凝土构件耐久性显著提升。

（4）采用振动搅拌技术生产的箱梁表面光滑、密实，气泡明显较少。

二、栾卢高速项目振动搅拌桥梁混凝土应用

栾卢高速全长约 75.3km，其中 LLTJ-2 标段全长 12.397km，施工内容包括隧道 7 座、特大桥 2 座，以及栾川服务区、栾川西互通式立体交叉工程等。

1. 振动搅拌与普通搅拌混凝土强度对比

振动搅拌与普通搅拌混凝土强度对比见附图 1-7、附图 1-8。

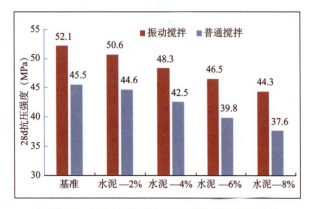

附图1-7 C35水下混凝土28d强度试验结果(120s)

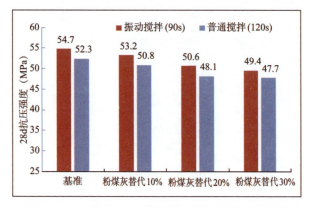

附图1-8 C40混凝土28d强度试验结果(粉煤灰等量替代)

2. 振动搅拌与普通搅拌混凝土涵洞墙身外观对比

振动搅拌与普通搅拌混凝土涵洞墙身外观对比见附图1-9、附图1-10。

附图1-9 振动搅拌混凝土涵洞墙身外观

附图1-10 普通搅拌混凝土涵洞墙身外观

3. 振动搅拌与普通搅拌混凝土应用效果对比

（1）相同条件下，水泥用量一样时，振动搅拌混凝土的28d抗压强度均高于普通搅拌；达到相同强度时，振动搅拌可节约水泥6%以上。

（2）相同条件、相同配合比时，振动搅拌90s混凝土的28d抗压强度高于普通搅拌；达到相同强度时，粉煤灰等量替代10%以上。

（3）采用振动搅拌技术生产的墩柱、梁板等构件混凝土涵洞墙身表面光滑，表面孔隙和缺陷少，结构耐久性得到很大提升。

附录二
港珠澳大桥桥面沥青铺装材料生产与管理案例

港珠澳大桥作为我国桥隧工程的杰出代表，在项目建设的各个方面，均起到了标杆和示范作用。其中，对于桥面沥青铺装的质量管理，更是值得借鉴和推广。其主要体现出以下几个特点。

一、集料材料集中加工、集中供应
集料工厂见附图 2-1。

二、集料材料规格划分更细
为了获得更加准确的沥青混合料级配，项目从粗、细集料的规格划分入手，材料规格划分更为精细。见附图 2-2。

附图 2-1 集料工厂

附图 2-2 港珠澳大桥桥面沥青铺装材料标识牌

三、碎石规格接近正立方体，无杂质、无粉尘
项目从集料的母岩选择入手，到加工工艺，真正把集料的性能发挥到了极致，在材料选择上首先上了一个档次。碎石规格接近正立方体，无杂质、无粉尘，见附图 2-3。

四、细集料无杂质、无粉尘
一般而言，细集料是材料质量的薄弱环节，而港珠澳大桥项目选择了优质的母岩和加工工艺，生产的细集料无杂质、无粉尘，见附图 2-4。

附图 2-3 碎石规格接近正立方体，无杂质、无粉尘

五、粗、细集料包装规范、标识清楚

粗、细集料包装规范、标识清楚,见附图 2-5。

附图 2-4　港珠澳大桥桥面沥青铺装细集料

附图 2-5　粗、细集料包装规范、标识清楚

六、材料存储规范

在成品集料的管理上,港珠澳大桥项目对集料的存储与堆放采用袋装,杜绝了材料在加工、运输、使用过程的污染风险、混料风险,提高了质量,减少了损耗。见附图 2-6。

七、场内运输与使用更合理

由于管理理念先进,管理措施有效、精细,粗、细集料的场内转运与使用呈现工厂化、流程化。

从储料棚装载集料,到运送到拌和楼的冷料仓,都体现了便捷、高效、环保理念,避免了常规拌和楼粉尘飞扬、集料抛洒的弊端,见附图 2-7~附图 2-9。

附图 2-6　桥面沥青铺装材料存储规范

附图 2-7　装载机将袋装粗、细集料从储料大棚转运至拌和楼冷料仓

附图 2-8　装载机在拌和楼冷料仓上方卸料

附图 2-9　卸料完成后装载机返回

附录三 西安咸阳国际机场专用高速公路排水性沥青路面防水黏结层专项研究案例

西安咸阳国际机场专用高速公路总长 20.5km（路基段 13.67km，桥梁段 6.91km），双向 8 车道。非超高路段长度为 11.36km，路面横坡 2%；超高路段长度 9.14km，最大横坡 5%。全线最小纵坡 0.1%，最大纵坡 2.68%。

其中，渭河特大桥全长 6.9km，桥面半幅正常宽度 19m，加宽段最大宽度 32.8m。桥面边部设置有纵向盲沟与泄水孔，见附图 3-1。

由于 OGFC-13 排水性沥青铺装结构特殊，防水黏结层设计至关重要，如设计不当，将会造成不可预料的后果。为了解决这一问题，项目借鉴有关工程实践，展开了排水性沥青路面防水黏结层技术方案研究。西安咸阳国际机场专用高速公路排水性沥青路面防水黏结层技术方案比选情况见附图 3-2。

附图 3-1　桥面纵向盲沟与泄水孔

附图 3-2　西安咸阳国际机场专用高速公路排水性沥青路面防水黏结层技术方案比选专家咨询会

为了充分考虑桥面沥青铺装结构与水泥混凝土调平层之间的层间封水、黏结、施工质量控制及工期要求和施工可行性等，前期通过咨询专家，拟定了以下 4 种防水黏结层设计方案：

方案 1：橡胶沥青碎石封层。

方案 2：橡胶乳化沥青。

方案 3：SBR 乳化沥青。

方案 4：路桥防水涂料。

不同防水黏结材料的效果比对试件见附图 3-3。

附图 3-3　不同防水黏结材料的效果比对试件

一、不同方案的研究情况

为确定合理的防水黏结层,项目进行了不同方案的研究。黏结层原材料见附图3-4。

(一)橡胶沥青碎石封层

采用20目、25目橡胶粉与克拉玛依A-70#道路石油沥青进行了橡胶沥青配合比试验。首先,分别采用20目和25目橡胶粉,均按照16%、18%、20%掺配比例,对橡胶沥青的黏度、针入度、锥入度、软化点、弹性恢复、回弹量进行试验。其次,根据橡胶沥青配合比试

附图3-4 黏结层原材料

验结果,考虑橡胶沥青的洒布均匀性问题,在室内对25目橡胶粉18%掺量的橡胶沥青和粒径为4.75~9.5mm的石灰岩碎石进行洒(撒)布量试验。具体研究情况如下:

1. 20目、25目橡胶粉不同掺量橡胶沥青性能检测

分别对20目、25目橡胶粉,按照16%、18%、20%的掺配比例制备橡胶沥青试样,按相关规程要求测试其黏度、针入度、锥入度、软化点、弹性恢复、回弹量。

橡胶沥青性能检测结果汇总见附表3-1。

20目、25目橡胶粉不同掺量橡胶沥青性能检测结果　　　　附表3-1

试验项目		掺配比例	16%	18%	20%
177℃黏度($\times 10^{-3}$Pa·s)	20目	中心试验室	1.7	2.6	3.9
		M1标	1.8	2.5	3.3
190℃黏度($\times 10^{-3}$Pa·s)		中心试验室	1.5	2.5	4.1
		M1标	1.3	2.0	3.7
177℃黏度($\times 10^{-3}$Pa·s)	25目	中心试验室	2.2	2.9	6.2
		M1标	1.9	2.9	4.0
190℃黏度($\times 10^{-3}$Pa·s)		中心试验室	1.5	2.5	4.1
		M1标	1.6	2.4	3.6
软化点(℃)	20目	中心试验室	62/63	66/65	68/70
		M1标	63.3	65.8	68.2
	25目	中心试验室	62.5/64	67.5/66	69/67
		M1标	64	66.8	69
针入度(0.1mm)	20目	中心试验室	47/46	45/42	40/42
		M1标	48.9	45.6	42.8

续上表

试验项目		掺配比例	16%	18%	20%
针入度（0.1mm）	25目	中心试验室	46/48	40/45	43/43
		M1标	46.5	44.6	41.1
锥入度（0.1mm）	20目	中心试验室	29.1/33	25.4/32	24.6/25.4
	25目		30.5/32	27.8/30.9	26/29
弹性恢复（%）	20目	M1标	83	84	82
弹性恢复（%）	25目		84	85	83
回弹量（%）	20目	中心试验室	43/40	47/43	50/43
回弹量（%）	25目		43/37	46/44	49/46

根据以上试验结果，结合机场高速公路实际，并征求专家意见，经综合考虑，最终确定：采用25目橡胶粉，掺加比例为18%，进行橡胶沥青洒布量试验。

2. 碎石、沥青撒（洒）布量试验

（1）碎石撒布量。

在室内通过试撒，得出如下结论：采用$6kg/m^2$碎石覆盖率为75%，无重叠；采用$8kg/m^2$碎石覆盖率为85%，有个别重叠；采用$10kg/m^2$碎石覆盖率为全覆盖，有部分重叠。见附图3-5～附图3-7。

附图3-5　$6kg/m^2$碎石撒布量

附图3-6　$8kg/m^2$碎石撒布量

附图3-7　$10kg/m^2$碎石撒布量

（2）沥青洒布量。

采用25目橡胶粉按18%的比例在190℃温度下制备试样（同时检测黏度为$2.6×10^{-3}$～$2.7×10^{-3}Pa·s$），并分别以$1.4kg/m^2$、$1.6kg/m^2$、$1.8kg/m^2$的洒布量进行模拟试洒试验，碎石粒径采用4.75～9.5mm，洒布量采用 8kg/m²。通过模拟试洒，得出如下结论：

①沥青用量为 1.4kg/m² 时，沥青厚度在 1.4mm，沥青膜在碎石嵌挤作用下厚度达到 2～2.5mm，碎石覆盖率达到 40%～50%。

②沥青用量为 1.6kg/m² 时，沥青厚度在 1.6mm，沥青膜在碎石嵌挤作用下厚度达到 2.5～3mm，碎石覆盖率达到 60%～70%。

③沥青用量为 1.8kg/m² 时，沥青厚度在 1.8mm，沥青膜在碎石嵌挤作用下厚度达到 3～4mm，碎石覆盖率达到 70%～80%。

模拟试撒（洒）试验情况见附图 3-8～附图 3-10。

附图 3-8　8kg/m² 碎石与 1.4kg/m² 橡胶沥青试撒（洒）情况

附图 3-9　8kg/m² 碎石与 1.6kg/m² 橡胶沥青试撒（洒）情况

3. 试验结果

根据室内试验，综合研究确定：橡胶沥青洒布量为 1.7kg/m²，碎石（4.75～9.5mm）撒布量为 9kg/m²。见附图 3-11。

附图 3-10　8kg/m² 碎石与 1.8kg/m² 橡胶沥青试撒（洒）情况

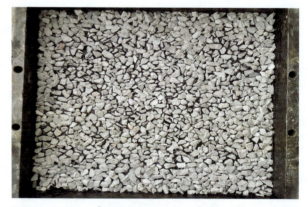

附图 3-11　9kg/m² 橡胶沥青与 1.7kg/m² 碎石试洒（撒）情况

（二）橡胶乳化沥青、SBR 乳化沥青、路桥防水涂料

1. 试验检测

选用在杭州萧山机场使用的常熟市××有限公司生产的橡胶乳化沥青，西安××公路技术有限公司生产的 SBR 乳化沥青，苏州××路桥防水材料有限公司生产的路桥防水涂料，科研单位对 3

种封水黏结材料进行全套技术指标检测。试验检测结果见附表 3-2。

试验检测结果　　　　附表 3-2

试验项目		检测结果			技术指标
		橡胶乳化沥青	SBR 乳化沥青	路桥防水涂料	
破乳速度		慢裂	中裂	中裂	快裂或中裂
电荷		+	+	+	阳(+)、阴(-)
筛上剩余量（1.18mm）（%）		0.058	0	0	≤0.1
黏度	沥青标准黏度 $C_{25,3}$（Pa·s）	—	—	—	8～25
	恩格拉黏度 E_{25}	11.2	12.1	1.63	1～10
蒸发残留物	含量（%）	63.9	54.4	38.9	≥50
	针入度（100g, 25℃, 5s）(0.1mm)	52.5	74.6	残留物结块，无法完成试验	40～120
	软化点（℃）	73.5	60.6		≥50
	延度（5℃）（cm）	36.5	45.2		≥30
	溶解度（三氯乙烯）（%）	98.5	98.5		≥97.5
	黏韧性（N·m）	17.5	17.7		≥5
	韧性（N·m）	13.3	13.4		≥2.5
与矿料的黏附性，覆盖面积		>2/3	>2/3	>2/3	≥2/3
储存稳定性	1d（%）	0.21	0.64	3.0	≤1
	5d（%）		—		≤5

2. 橡胶乳化沥青、SBR 乳化沥青、路桥防水涂料室内洒布量确定

在 AC-20 中面层试验板上，分别采用人工涂抹橡胶乳化沥青、SBR 乳化沥青、路桥防水涂料，直至涂抹均匀、无露白为止，计算使用量。经多次试验，最终确定黏结材料的用量为 0.7kg/m²。见附图 3-12。

附图 3-12　0.7kg/m² 的橡胶乳化沥青和 SBR 乳化沥青

3. 路用性能试验

根据以上试验所确定的各类材料用量，在AC-20中面层的试验板上分别模拟撒（洒）布橡胶沥青碎石封层、橡胶乳化沥青、SBR乳化沥青和路桥防水涂料，然后在其上成型排水性沥青混合料（OGFC-13）试验检测板（附图3-13），在复合试验板上进行透水、防水试验和拉拔试验。

4. 透水、防水试验

透水、防水试验的主要目的：检验不同的防水黏结层材料对上面层排水效果的影响，同时检验其封水情况。

透水、防水试验采用日本××建设株式会社提供的透水仪。具体方法：人工不停顿加水（保持同一水位）约10L。检测结果见附表3-3。

不同防水黏结材料透水、防水试验结果　　　附表3-3

检测项目	橡胶沥青碎石	橡胶乳化沥青	SBR乳化沥青	路桥防水涂料
透水量（mL/15s）	1467.8	1337.0	1457.3	1512.0

透水、防水试验见附图3-14。

附图3-13　成型后的复合试验检测板

附图3-14　透水、防水试验

5. 拉拔试验

对复合试验板排水路面单层钻芯，进行拉拔试验，以检测不同防水黏结材料的层间黏结力，检测结果见附表3-4。

不同防水黏结材料拉拔试验结果　　　附表3-4

检测项目	橡胶沥青碎石	橡胶乳化沥青	SBR乳化沥青	路桥防水涂料
拉拔力（kN）	2.02	2.84	1.60	1.78
抗拉拔强度（MPa）	0.26	0.36	0.20	0.23

拉拔试验的试件及试验过程分别见附图3-15、附图3-16。

附图3-15 拉拔试验的试件

附图3-16 拉拔试验过程

二、不同方案比较

1. 橡胶沥青碎石封层

优点：黏结好，封水效果好。该项目在陕西省第一次采用橡胶沥青碎石封层替代传统的桥面防水涂料，取得了成功，并积累了一定的施工、管理经验。

缺点：

（1）排水路面混合料粗集料多，与橡胶沥青碎石封层表面碎石存在黏结问题，需要再喷洒少量的黏层油。

（2）橡胶沥青碎石封层表面的碎石对排水路面混合料的排水速度有一定影响，残留水对排水路面有危害。

（3）橡胶沥青碎石封层中，橡胶沥青膜厚度较大，且软化点不高，在65℃左右。

（4）施工难度大。橡胶沥青黏度大，对施工工艺要求极为严格，不易洒布均匀。碎石粉尘难以消除，且碎石不易撒布均匀。碎石封层对上面层平整度有一定的影响。

2. 橡胶乳化沥青

优点：工厂化加工，计量控制准确，质量比较稳定，可在常温状态下喷洒。从试验结果看，原材料软化点高，抗拉拔性能较好，层间黏结力比较理想。

缺点：送检样品的配方相对陈旧，环保性能较差，无施工和工程实践经验。

3. SBR乳化沥青

优点：封水、黏结性能较好，便于施工，有施工经验。不担心运料车和摊铺机对其破坏。

缺点：若内部加工计量控制不够准确，则质量不够稳定。

4. 路桥防水涂料

优点：封水、黏结性能较好，工厂化生产，产品质量稳定。

缺点：送检的样品蒸发残留物结块，无法进行相关检测。施工时间较长，施工后其表面容易受到运料车和摊铺机的破坏。

三、防水黏结层实施情况

经过室内研究实验与专家评审,西安咸阳机场专用高速公路排水性沥青路面的桥面防水黏结层采用以下方案:

(1)在水泥混凝土调平层上:抛丸处理水泥浮浆后,施作橡胶热沥青同步碎石封层。

(2)在桥面上面层施工前,在桥面下面层的表面洒布 SBS 改性乳化沥青黏层油,按照 $0.3kg/m^2$ + $0.3kg/m^2$ 分两层洒布。黏层油双层洒布效果见附图 3-17。

a)

b)

附图 3-17　黏层油双层洒布效果

西安咸阳国际机场专用高速公路于 2009 年 7 月建成通车,历时 12 年后(截至 2021 年 7 月),6.9km 的渭河特大桥桥面铺装使用状况依旧良好。见附图 3-18。

2021 年 7 月,第三方检测机构对西安咸阳国际机场专用高速公路进行了年度现场检测,包括桥面沥青铺装在内的全线路面技术状况指数 PQI 评价结果总体为"优"。PQI 指标优良率为 100%。各单项指标中,路面损坏状况指数 PCI 优良率为 100%,路面行驶质量指数 RQI 优良率为 100%,路面车辙深度指数 RQI 优良率为

附图 3-18　2009 年建成通车的西安咸阳国际机场专用高速公路排水性桥面铺装(2021 年 7 月拍摄)

100%,路面抗滑性能指数 SRI 优良率为 100%,路面结构强度指数 PSSI 优等率为 100%。

项目的成功主要源于三个方面:一是采用了优质的碎石材料;二是采用了严格的施工工艺,包括浮浆处理、"五道工序法"解决层间黏结问题;三是精心的施工组织管理。这三个方面使得西安咸阳国际机场专用高速公路成为桥面排水性沥青铺装的典范工程。

参 考 文 献

[1] 中华人民共和国交通部. 公路沥青路面施工技术规范：JTG F40—2004［S］. 北京：人民交通出版社，2004.
[2] 中交一公局集团有限公司. 公路桥涵施工技术规范：JTG/T 3650—2020［S］. 北京：人民交通出版社股份有限公司，2020.
[3] 交通运输部公路科学研究院. 公路沥青路面预防养护技术规范：JTG/T 5142-01—2021［S］. 北京：人民交通出版社股份有限公司，2021.
[4] 中国公路学会. 港珠澳大桥施工技术指南 第八分册：混凝土桥面铺装工程：T/CHTS 10019—2019［S］. 北京：人民交通出版社股份有限公司，2019.
[5] 张宜洛. 沥青路面施工工艺及质量控制［M］. 北京：人民交通出版社，2011.
[6] 李爱国，郭平，郝培文. SMA路面施工与病害防治技术［M］. 北京：人民交通出版社，2012.
[7] 李爱国. 沥青路面施工技术与工艺全解［M］. 北京：人民交通出版社股份有限公司，2014.
[8] 张东鲁. 桥面防水粘结层材料性能评价与应用研究［D］. 广州：华南理工大学，2016.
[9] 李小花. 北方地区混凝土桥梁桥面铺装早期破坏原因分析及防治措施［J］. 辽宁交通科技，2002，25（3）：1-2.
[10] 王朝辉，郭瑾，陈宝，等. 桥面铺装结构的应用现状与发展［J］. 筑路机械与施工机械化，2017，34（12）：41-52.

后　记

路途漫漫　唯有奋斗

2021年金秋，神州大地秋高气爽、丹桂飘香。随着第十四届全国运动会的胜利闭幕，在长安大学郝培文教授的指导下，我和凌俊强、胡小金、尹亮携手撰写的书稿终于完成了。

（一）沥青路面三部曲

2012年10月，我和西安公路研究院郭平博士、长安大学郝培文教授，在人民交通出版社出版了49万字的《SMA路面施工与病害防治技术》[图后记-1 a)]。这是SMA路面技术自20世纪90年代初期从德国引进以来，一部系统介绍SMA施工技术以及病害防治的专著，对我国SMA路面施工技术的发展和施工质量的提高，起到了促进作用。

2014年10月，我撰写的《沥青路面施工技术与工艺全解》[图后记-1 b)]在人民交通出版社股份有限公司出版。这部64万字的专著系统地介绍了我国高速公路沥青路面建设中，不同类型沥青混合料在公路路基、桥梁、隧道上的沥青铺装以及机场道面的施工工艺、施工难点。

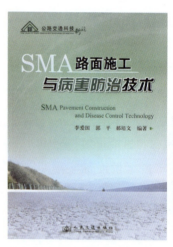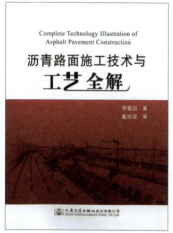

a)　　　　　　　　b)

图后记-1　《SMA路面施工与病害防治技术》与《沥青路面施工技术与工艺全解》

时隔7年，拙著《水泥混凝土桥面沥青铺装病害防治与养护技术》撰写完成。

在这三部曲里，第一部著作属于沥青路面施工中关于SMA路面的专项研究，第二部著作是对沥青路面施工的综合性与系统性论述，而第三部著作则专门讲述了桥面沥青铺装。

要把桥面沥青铺装这件事情说清楚，还得把桥梁结构的组成关系弄清楚。在桥梁的结构组成中，桩基是"根"，墩柱是"身"，桥面系是"头"，桥面铺装是"头"上的"脸面"。之所以称桥面铺装为"脸面"，一是因为在桥梁服役期间，桥面与车辆轮胎直接接触；二是因为桥面的健康状况直接反映在"脸面"上。行车状况平整、舒适的，说明"脸面"健康；反之，"脸面"长满"斑点"，起了"波纹"，就说明它病了。

(二)记忆中的三座桥

在我三十多年的工作生涯中,对三座桥梁记忆深刻。时空由近及远:

其一是,2019年9月29日建成通车的陕西首条城际铁路——西安北至机场城际轨道项目(简称"机场城际")跨渭河的特大桥。之所以记忆深刻,一则因为它长7.332km;二则它是我转行到轨道交通行业后,从零开始所建成的第一座铁路桥。

其二是,2009年7月13日建成的陕西第一条双向8车道的高速公路——西安咸阳国际机场专用高速公路上的渭河特大桥。之所以记忆深刻,一则因为它长度6.9km,宽度(不含加减速车道)19.5m;二则因为这是在国内首次将排水性桥面沥青铺装结构应用于特大桥梁;三则因为历经12年的风霜雨雪、车轮碾压,桥面无一处坑槽、破损,成为我国高速公路上的桥面精品工程。

2019年9月建成的机场城际铁路桥跨越2009年7月建成的西安咸阳国际机场专用高速公路渭河特大桥,见图后记-2～图后记-4。

图后记-2 2020年8月,机场城际铁路桥跨越西安咸阳国际机场专用高速公路渭河特大桥

图后记-3 2020年12月,雨雪中的西安咸阳国际机场专用高速公路渭河特大桥

图后记-4 2021年6月,西安咸阳国际机场专用高速公路渭河特大桥

其三是,1994年初至1995年底,我参加建设的广州至深圳高速公路上的一座特大桥——东莞北高架桥。这座桥长度为19.637km,双向6车道,位于广东省东莞市境内。在桥面水泥混凝土调平层上涂刷防水材料后,施工了两层桥面沥青铺装,分别是4cm中粒式沥青混凝土抗滑上面层(宽14.75m)和8cm粗粒式沥青混凝土下面层(宽14.75m)。2020年12月1日,为贯彻落实建设交通强国和质量强国战略,总结推广提高公路工程耐久性、延长路面使用寿命方面的经验,进一步推进"平安百年品质工程"建设和公路交通基础设施高质量发展,中国公路学会科技成果转化中心正式公布了2020年度3个"长寿命路面奖",其中,广深高速公路(G4)广州至深圳段位列其中。截至2020年12月,已建成通车26年的广深高速公路东莞北高架桥见图后记-5。

图后记-5　截至 2020 年 12 月，已建成通车 26 年的广深高速公路东莞北高架桥

（三）关于桥面铺装的三个体会

桥面沥青铺装工程看似简单，实则烦琐。建设者对设计和施工质量层层把关，桥面会回报你耐久与平安。通车后车辆行驶其上，平整、舒适、低噪、安全的感觉不言而喻。反之，桥面日日修，月月补，年年坏。一个坑槽导致高速行驶的车辆爆胎，造成车毁人亡的案例，给运营管理者带来了无尽的烦恼。我的体会是：

（1）在建设期，把质量控制好，桥面沥青铺装完全可以在其寿命周期内不出现病害。这样的工程实例并不少见。成功的经验是用失败的教训换来的。桥梁的"根"与"身"的健壮，是桥面铺装"脸面"永葆青春的基础。因此，必须打好桥梁的底子，铺好桥面系的面子。

（2）在建设期，必须遵循"精准设计、规范施工"的原则，在运营期精准养护，对出现的病害苗头要早发现、早处治，才能实现桥面铺装长寿命的目标。

（3）在运营期，如果出现了非交通事故和正常磨损导致的桥面病害，一定是建设期埋下了质量隐患，而不能将病害归咎于流量的增加和超限超载。

基于"为建设者提供借鉴、为养护者提供参考"的撰写目的，这部专著运用大量的工程图片，并辅以文字，呈现了以下几个特点：

（1）系统地描述了水泥混凝土桥面沥青铺装病害类型与特征；

（2）在施工规范要求的基础上，进一步细化了桥面铺装的标准化施工工艺，阐明了建设期如何预防质量问题，避免在运营期产生病害；

（3）强化水泥混凝土桥面沥青铺装工序管理，细化了对具体工艺的描述；

（4）对运营期出现的病害成因及处治技术，采用图文结合的形式进行了展示。

在书稿的撰写过程中，我多次深入工地，借鉴了陕西省宝鸡至坪坎高速公路和西安外环高速公路南段的项目建设经验，以及西安绕城高速公路路面大修的养护施工经验。可以说，书稿所列的这些做法也代表了目前我国公路建设养护的最新状况。

（四）砥砺前行的路

2021 年是我国"十四五"规划的开局之年。2 月 25 日，中共中央、国务院印发了《国家综合立体交通网规划纲要》。

具体发展目标为：到 2035 年，基本建成便捷顺畅、经济高效、绿色集约、智能先进、安全可靠的现代化高质量国家综合立体交通网，实现国际国内互联互通、全国主要城市立体畅达、县级节点有效覆盖，有力支撑"全国123出行交通圈"（都市区1小时通勤、城市群2小时通达、全国主要城市3小时覆盖）和"全球123快货物流圈"（国内1天送达、周边国家2天送达、全球主要城市3天送达）。交通基础设施质量、智能化与绿色化水平居世界前列。交通运输全面适应人民日益增长的美好生活需要，有力保障国家安全，支撑我国基本实现社会主义现代化。到本世纪中叶，全面建成现代化高质量国家综合立体交通网，拥有世界一流的交通基础设施体系，交通运输供需有效平衡、服务优质均等、安全有力保障。新技术广泛应用，实现数字化、网络化、智能化、绿色化。出行安全、便捷、舒适，物流高效、经济、可靠，实现"人享其行、物优其流"，全面建成交通强国，为全面建成社会主义现代化强国当好先行。

这表明，交通强国建设将掀起新的高潮，一批新的公路设施有待建设，之后，又将批量进入运营期。此时，展望我国交通运输发展前景，我们信心满满。

"千磨万击还坚劲，任尔东西南北风。"在公路水泥混凝土桥面沥青铺装建设与运营的交替前行中，无论项目大小，无论采用何种铺装结构，无论工期松与紧，工程质量始终是项目永恒的主题，是桥梁结构耐久的根本保障，更是确保千家万户平安出行，南来北往司乘人员安全的关键。

某在役的桥面沥青铺装见图后记-6。

车轮滚滚，永远向前。

路途漫漫，唯有奋斗。

图后记-6 某在役的桥面沥青铺装

在完成了书稿撰写之后，合卷静思，不知拙著能给您带来什么。

我的愿望是，在实现中华民族伟大复兴中国梦的征途中，在宏伟的《国家综合立体交通网规划纲要》实施中，在交通强国建设的伟大事业中，希望拙著能助公路建设者、运营管理者一臂之力！

李爱国
2021年10月，陕西西安